从零开始
学会
活动策划

象 哥 —— 著

内 容 提 要

无论线上还是线下，都会有活动产生，而举办一场活动需要事先做好策划，才能取得成功，带来收益。本书从实用、实战、实效的角度，讲述了活动策划的整体玩法；从主题到创意，从环节到物料，从分工到传播，辅以实战案例，讲述了活动策划的思路与技巧。

本书共10章，主要包括认识活动策划，了解活动策划中面临的困难和应对方法，全面了解活动策划的前期、中期和后期的主要工作，活动的物料准备及玩法，线上活动及线下活动特点，活动策划实战案例，以及活动策划涉及的工具和平台。

本书从线上和线下两条线入手，从理论到实战，全面讲解了活动策划的流程、创意和痛点，帮助读者学以致用，少走弯路。本书适合各种活动策划人及对活动策划感兴趣的人员，也适合各种平台和店铺。此外，本书也可作为相关培训教材使用。

图书在版编目（CIP）数据

从零开始学会活动策划 / 象哥著. —— 北京 ：北京大学出版社，2024.6
ISBN 978-7-301-35071-3

Ⅰ. ①从… Ⅱ. ①象… Ⅲ. ①活动—组织管理学 Ⅳ. ①C936

中国国家版本馆CIP数据核字(2024)第102553号

书　　名	从零开始学会活动策划
	CONGLING KAISHI XUEHUI HUODONG CEHUA
著作责任者	象　哥　著
责任编辑	刘　云
标准书号	ISBN 978-7-301-35071-3
出版发行	北京大学出版社
地　　址	北京市海淀区成府路205号　100871
网　　址	http://www.pup.cn　新浪微博：@北京大学出版社
电子邮箱	编辑部 pup7@pup.cn　总编室 zpup@pup.cn
电　　话	邮购部 010-62752015　发行部 010-62750672　编辑部 010-62570390
印　刷　者	三河市博文印刷有限公司
经　销　者	新华书店
	880毫米×1230毫米　32开本　7.5印张　200千字
	2024年6月第1版　2024年6月第1次印刷
印　　数	1-4000册
定　　价	59.00元

未经许可，不得以任何方式复制或抄袭本书之部分或全部内容。
版权所有，侵权必究
举报电话：010-62752024　电子邮箱：fd@pup.cn
图书如有印装质量问题，请与出版部联系，电话：010-62756370

前言

活动策划从业者必看

"活动策划"存在于我们生活的方方面面,不管是线上还是线下,我们总能看到各式各样的活动。活动策划是一个大的门类,有的人擅长策划线上的活动,有的人擅长策划线下的活动。虽然平台不同,但底层逻辑是相通的。

活动策划的职业前景是不错的,而且待遇是稳步上升的。就算是以后创业,也是一个很好的路子。不管你是已经入行了,还是想要入行,本书都可以给你一些启发,有助于你全面了解活动策划,包括从主题到创意,从环节到人员分工,从物料到传播的一系列玩法。

其实做活动并不难,难的是做一场高质量的活动。很多活动做得比较成功,往往在于细节到位、有创意且易于传播,而失败的活动往往是因为创意不足或细节不到位等。对于失败的活动,一定要及时总结,汲取教训,在之后的活动策划中,才能做得更好。

本书整合了很多实际案例,通过对这些案例的剖析,大家可以了解不同类型的活动是怎样策划的,以及活动策划所包含的细节。

本书特色

- **内容丰富**。本书对活动策划的思路、方法和发展前景等均进行了解读,同时覆盖线上及线下,将生活中存在的多数活动类型均融入其中,能够让读者更深入地了解这个领域。
- **信息详细**。本书的内容十分详细,对活动策划的主题提炼、亮点挖掘、创意设置、环节流程、媒介传播等,均进行了详细的介绍,阅读此书能够了解活动策划的全景流程及细则。
- **通俗易懂**。本书简化了复杂难懂的部分,用简洁的语言描述了与活动策划相关的内容。即使是活动策划零基础读者,也能快速入门并得到提升。
- **实战性强**。本书内容涉及活动策划的关键要素,包括怎样定主题、怎样找创意、如何设计流程环节、怎样选择物料等,内容通俗易懂、实用性强,即使是初学者,看完亦可根据模板操作。
- **案例丰富**。本书不但列出了活动策划中常遇到的问题及困惑,还结合大量实际案例一一解析,可读性极强。此外,丰富的案例又能让读者快速学到实用的活动策划技巧。
- **经验总结**。本书是对我多年工作经验的总结,也有同行的经验汇总,读者通过本书可以学习到活动策划的不同操作方式。不管是沙龙会、培训会、社群,还是抖音或小红书活动,看完本书即可上手活动策划。

本书包括什么内容

本书共分为 10 章。

第 1~2 章主要从宏观层面介绍了活动策划的相关知识,如活动策划人要懂什么、经验如何积累、怎样挖掘活动亮点等,并从技术的角度阐述了活动策划应该怎样做。

第3~6章主要讲述一场活动的前期策划、中期执行、后期传播发酵应该怎样做，同时也穿插了关于物料与抽奖的普及性知识。

第7~8章主要介绍了线下的7种活动形式，以及线上4大主流平台的活动策划方法，基本囊括了当下活动的主要形式和玩法。

第9章主要呈现了经典的实战案例，包括招商会活动策划、品牌新品上市活动策划、沙龙会策划、终端促销活动策划及抖音活动策划，能够让人一看就懂。

第10章主要介绍了策划人经常用到且好用的一些策划工具及活动策划人常用的搜集素材的平台，方便大家精准地寻找自己想要的素材，在活动策划中少走弯路，从而助力大家在活动策划这条路上越走越远。

本书适合的读者

- 活动策划相关人员；
- 企业市场部负责活动的相关人员；
- 企业老板；
- 经常做促销活动的门店店长及店员；
- 有志于从事品牌策划或活动策划的学生；
- 想从事活动策划的初级入门者；
- 想提升自己，并转为与品牌策划相关的文案策划人员；
- 各政府部门中与活动相关的负责人。

致谢

感谢我的好友及搭档王勇飞，他是一个经验丰富的活动策划人。在写这本书的时候，我听取了他很多建设性的意见。他长年从事汽车及快消品领域的活动策划工作，已"身经百战"，书中有一部分内容是在与他共同商讨之后才下笔的，特此感谢。

温馨提示

　　本书所涉及的资源已上传到百度网盘，供读者下载。请读者关注封底"博雅读书社"微信公众号，找到"资源下载"栏目，输入本书77页的资源下载码，根据提示获取。

目录

CONTENTS

第1章 多维度认识活动策划 ········· 001
- 1.1 关于策划的感想与认知 ········· 001
- 1.2 活动策划人要懂什么 ········· 003
- 1.3 策划要有大局观 ········· 007
- 1.4 优秀策划人的思维与习惯 ········· 009
  - 1.4.1 两大思维 ········· 010
  - 1.4.2 五大习惯 ········· 011
- 1.5 3点,让你更好地胜任策划岗位 ········· 013
- 1.6 借助新媒体,让活动传播范围更广 ········· 016
- 1.7 打造活动专属IP ········· 017

第2章 活动策划中常见困难与应对方法 ········· 021
- 2.1 无从下手?先了解活动类型 ········· 021
- 2.2 困难一:主题确定后,不知如何延展 ········· 025
- 2.3 困难二:挖掘不出活动亮点 ········· 027
- 2.4 困难三:方案不被认可 ········· 028
- 2.5 困难四:方案不错,执行却稀烂 ········· 030
- 2.6 困难五:费用总是捉襟见肘 ········· 032

第3章 前期：活动策划落地前的工作 ……………… 034

- 3.1 活动目的和预期效果如何制定 ……………… 034
- 3.2 活动主题如何拟定 ……………… 036
- 3.3 活动方案如何撰写 ……………… 041
- 3.4 怎样挖掘好的创意和亮点 ……………… 045
- 3.5 如何将名人效应最大化 ……………… 050
  - 3.5.1 前期邀约 ……………… 050
  - 3.5.2 活动现场 ……………… 051
- 3.6 如何增强活动的仪式感 ……………… 054
- 3.7 启动仪式怎么操作 ……………… 058
- 3.8 费用预算如何确定 ……………… 062
- 3.9 活动如何高效地执行与落地 ……………… 066
- 3.10 如何打造有吸引力的文案 ……………… 069
- 3.11 活动如何预热、曝光、炒作 ……………… 072

第4章 中期：活动的落地执行 ……………… 076

- 4.1 活动，就是要亮点 ……………… 076
- 4.2 会场的布置及搭建，提升活动调性 ……………… 078
- 4.3 舞美，点亮你的舞台 ……………… 082
- 4.4 流程的合理安排 ……………… 088
- 4.5 串词应该如何写 ……………… 091
- 4.6 人员分工 ……………… 093
- 4.7 注意事项 ……………… 098

第5章 后期：如何宣传推广 ……………… 101

- 5.1 活动结束后应该注意哪些事项 ……………… 101
- 5.2 会后报道应该怎么做 ……………… 103
- 5.3 复盘与总结 ……………… 104

目 录

第 6 章 活动物料 108
- 6.1 常用的活动物料 108
- 6.2 喷绘 110
- 6.3 KT 板 111
- 6.4 桁架 112
- 6.5 抽奖玩法 113

第 7 章 7 大线下活动策划攻略 118
- 7.1 线下活动的特点 118
- 7.2 年会的策划怎么做 120
- 7.3 招商会的策划与执行 127
- 7.4 培训会的策划与执行 135
- 7.5 沙龙会的策划与执行 140
- 7.6 发布会的策划与执行 143
- 7.7 展会的策划与执行 147
- 7.8 促销活动的策划与执行 153

第 8 章 4 大线上平台的活动策划剖析 160
- 8.1 线上活动的特点 160
- 8.2 抖音活动的策划 161
- 8.3 小红书活动策划 165
- 8.4 微博活动的策划 171
- 8.5 社群活动的策划 175

第 9 章 实战案例 181
- 9.1 招商类——×× 瘦 2000 人美妆品牌盛典暨招商大会 181
  - 9.1.1 策划思路 181
  - 9.1.2 活动策略 182

  9.1.3 策划方案 …… 183
  9.1.4 复盘 …… 189
 9.2 传播类——丹×新品发布会 …… **191**
  9.2.1 策划思路 …… 191
  9.2.2 活动策略 …… 192
  9.2.3 策划方案 …… 192
  9.2.4 复盘 …… 197
 9.3 沙龙类——上汽大众途昂品鉴沙龙 …… **198**
  9.3.1 策划思路 …… 198
  9.3.2 活动策略 …… 199
  9.3.3 活动策划方案 …… 200
  9.3.4 复盘 …… 204
 9.4 促销类——欧×促销活动 …… **205**
  9.4.1 策划思路 …… 206
  9.4.2 活动策略 …… 207
  9.4.3 策划方案 …… 208
  9.4.4 复盘 …… 214
 9.5 推广类——线上活动金×品牌抖音话题赛 …… **216**
  9.5.1 策划思路 …… 216
  9.5.2 策划方案 …… 217
  9.5.3 复盘 …… 220

第10章 必知策划工具 …… 221

 10.1 好的策划工具让你事半功倍 …… 221
 10.2 策划人搜集资料平台一览 …… 226

第 1 章
多维度认识活动策划

在当下的工作中,策划是一项寿命较长久的工作,不同于有些工作只有几年好光景,策划是越老到越有价值。对于想从事策划方面工作的人来说,应当认识到当下的活动策划的玩法是与时俱进的,是跟随着互联网的发展而发展的,所以,策划人要多维度认识活动策划,更要与时俱进。

1.1 关于策划的感想与认知

在十多年的工作生涯中,我脑海中常常会浮现出过往的一些活动,有的是成功的,有的是失败的。尤其是那些失败的活动,我经常会在脑海中进行复盘。曾经,我是一个什么都不懂的小白,连策划方案都不知道怎么写。我先是跟着公司的老同事一起学习,跟着他们写方案、下市场、准备物料、执行,有时候甚至还在现场负责摄影、摄像等,可以说,我在活动策划中所有的能力都是在历练、犯错、踩坑当中成长起来的。

有一次在北京开招商会,当时招商会的地点和嘉宾入住的酒店相隔十多公里,那天恰逢周一,北京的交通拥堵不堪,十多公里的路程,大巴车开了将近两个小时，活动的开始时间比原计划延迟了近两个小时。可见，有时候一个活动的失败是不经意的，这就要求策划人要考虑到方方面面，因为一招不慎就可能满盘皆输。轻则被领导批评，重则被客户投诉。

还有一次是我们在桂林的一个五星级酒店给客户做一场品牌发布会，一切准备得都非常好，不管是环节、模特、舞台，还是灯光等，都准备得不错，但是依然出了一个问题，就是现场的物料不全。当时，现场所用的椅背贴和用KT板做的一些异形的物料，迟迟没有送来。原因在于对接合作的物料制作公司的机器出了问题，导致椅背贴都是整张的，没有裁剪，很多异形的KT板也没有裁剪出来，而只能人工裁剪，不仅进度慢，而且边缘参差不齐，非常难看，最后呈现出来的效果也不尽如人意，相关的工作人员在现场直接就被品牌方训斥了。

在写本书的时候，我又想起了这次失败的活动。我认为，作为一个活动策划人，不仅要专业全面，而且要执行到位，执行的任何一个环节都不能出现大的差错，否则即使再好的活动，也可能会因为一点疏忽而影响整体口碑和效果。

在我入行的第一年，接触了很多资历较深的策划人。一开始看他们写活动策划方案，总感觉很绕、很复杂。有一次在吃饭的时候，我就问一个同事，为什么要写这么多策划方案，而且执行细案也这么复杂。他说："做策划尤其是活动策划，一定要胆大心细，如果其中任何一个环节出了错，可能都会导致这场活动失败，到时客户还是会怪罪到我们头上。一场活动策划的成功，都是靠各个环节的细节体现出来的。如果我们能把每个环节都考虑到，那么出错的可能性就会很小。"

时隔多年，这位同事早已自己创业，而且很成功。再次见到他，他的这段话让我坚信，一个注重细节、注重通盘考虑的人，自己创业也是一把好手。

做活动策划的人，从写方案的那一刻起，胸中就应该有一个全局观。将活动的骨架搭建好以后，再慢慢填充，最终形成一个有血有肉的作品。

1.2 活动策划人要懂什么

策划人要懂什么？很多刚入行的从业者和一些工作资历比较浅薄的从业者，经常会问起这个问题。

策划活动的过程，其实是对知识进行提取的过程。当你需要某一板块的知识时，应能快速从大脑或电脑里提取出来，然后进行组合。通常来说，活动策划人需要掌握以下几个方面的技能。

1. 策划方案的撰写

首先，策划方案的撰写是办好一场活动的前提。

不管是做什么活动，活动策划方案都是必不可少的。它是活动具体的策略导向，可以让活动在未来井然有序地开展，保证活动在方案的指导下有条不紊地进行。

一般的活动策划方案包括活动规划、活动规模、执行细则、费用预算、物料明细和人员分工等内容。只有将这些事项明确了，才能更好地执行。尤其是一些重要的大型活动，牵扯方方面面，这就要求严格按照活动策划方案进行，否则大家都会像无头的苍蝇，没有方向和条理，也就很容易出错。

其次，撰写策划方案是一项必备技能。

做活动策划，虽然不一定每次都要亲自写策划方案，但前期一定要写，而且要会写，因为只有写过策划方案，才能明白一个完整且良好的活动策划需要包括哪些内容，如活动主题、活动流程、活动串词、活动物料、活动亮点、活动媒介传播等。

只有亲自写过策划方案之后，才能更深刻地理解活动策划。当你能用一个完整的策划方案把你所思考的内容表达出来之后,在活动的执行过程中,才能更好地落地实现。

在写活动策划方案时,最坏的情况是,你的逻辑性不好,文笔也不好,写出来的内容也不太好,不过没关系,即便文采不好也一定要写一个框架,就是写清楚哪一个板块要做哪些事情,以及用怎样的方式去呈现。然后把自己的想法告诉其他负责执行的同事,让他们一起帮忙实现。

如果连一个策划方案或者是框架性的东西都写不出来,那么其他同事在活动执行的过程中就会无从下手,他们可能不理解你的意思,或者理解错你的意思,这样就有可能搞砸一场活动。

2. 活动策划要可行

策划一场活动并不容易,不但耗费脑力,也耗费人力物力,因此要确保活动的可行性。活动策划可行性主要有两个目的。一是保证活动能够开展,毕竟不能落地执行的方案也没意义。二是让资源得到合理分配,如果可行性不强,不仅会浪费大量的人力、财力、物力,还会影响活动的效果。

做活动策划跟做设计有一点是相通的。所设计的作品不但要从视觉和创意上具有优势,也要符合商业化的要求,而且要利于传播。其实做活动策划也是如此,活动策划人在具有一定专业素质的同时,还要有天马行空的想象力,具有可行性,能够符合商业化要求。比如说你要做一场品牌发布会,除了要隆重推出新产品,还要构思如何让这个活动更精彩、更绚丽,同时也要让它符合品牌的要求、符合商业的要求。除此之外,还要分析现场能不能实现。

曾经我的公司接了一个策划玩具发布会的单子,其中一款玩具是一艘轮船。在和客户提案的时候,同事跟客户说想打破传统的产品展示形式,因为传统的产品陈列方式,就只是在柜台或桌面上进行展现。我当时有一个想法，就是在现场弄一个曲水流觞式的管道，让船顺着这个管道流到舞台中间。

当时这个提案考虑到时间等原因，没有在公司内部公开讨论，而且负责的同事认为实现起来并不难。当时距离发布会还有两三个月的时间，同事认为只要把创意呈现给客户，在得到客户的认可后，再去找相关的物料制作的供应商，让他们来制作这种形式的管道即可。结果在开会的时候，客户说这个想法非常好，但是根本就实现不了。我同事当时还很惊讶，就问为什么。客户说早在他们第 1 代轮船玩具上市的时候，就有人提出过类似的想法，他们也找到了制作物料的公司。这个方案不是行不通，而是造价成本太高，单是发布会上几十米长的管道的成本就要十几万元，而且现场的取水也是一个问题。虽然可以提前注入自来水，但是还要配备发电机及抽水泵等设备，在会上实现起来根本不符合实际情况，所以当时那个提案当场就被客户否定了。听完原因之后，我们在场的人都感到很尴尬，感觉让公司丢了面子。

因此，做策划一定要懂得可执行性的重要性。再好的创意、再绝妙的想法，如果实现起来有困难或者说成本方面不划算，那么这个方案就不是个好方案。

3. 懂得深挖亮点

挖掘亮点是活动策划中非常重要的一环，如果一场活动没有亮点，就意味着没有吸引力，无法让人记住。凡是好的活动，都是能给观众留下记忆点的。就如北京冬奥会开幕式中的那一朵雪花，给很多人都留下了深刻的印象。由此可见，做活动策划，除了要能够执行，还要有亮点，因为挖掘亮点也是考核策划人水平的一个标准。很多看似平淡无奇的活动，如果能深挖出一些亮点，不管是布置上的亮点还是环节上的亮点，甚至是视觉陈列上的亮点，然后将其放大，让与会的嘉宾能够感受到它的与众不同并记住它，那么这个活动起码成功了一半。

曾经一个同事说，要想挖掘亮点，要么从与会嘉宾上入手，要么从产品的陈列上入手，要么就在现场制造内容，或者在环节上挖亮点。假如你实在想不出来从何处着手，也可以在物料上下功夫。比如说一款鞋子的发布会，实在不知从何处挖亮点的情况下，你可以做一个巨幅的喷画，即使画面并没有高级的内容，但是你只要做得够大，它就是一个亮点，因为它形成了极强的视觉冲击力。

也就是说，上述亮点的精髓就是放大产品，"大"就是亮点。这其实也算是"绝境"之中一个很好的办法——实在找不出亮点的话，就尽量把一些东西放大，甚至是更大。

4. 懂得造势与传播

在活动策划领域，有一句话叫"好活动三分策划、三分执行、四分炒作"。从侧面也可以反映出造势与传播的重要性。

良好的传播意味着这场活动可以得到更大范围的推广，不管是做什么活动，小到一场婚宴，大到一场万人盛典或直播盛典，主办方都希望这场活动被更多的人知道，希望能够获得良好的口碑和较高的人气，所以传播就显得至关重要。

做活动策划，一定要懂得利用媒介，让活动更好地传播开来。比如说做一场大型活动，成本可能是100万元，但如果传播得好，它的效应可能会产生千万元的价值，这就是很多品牌在做新品发布会的时候，都会邀请大量媒体或者达人到场，让他们帮助传播的原因。传播的目的就是借助媒介的力量，让品牌的影响力更上一层楼。

5. 其他

有人会说，活动策划人还要懂物料、环节等，说得没错，但是懂这些是基础。如果连基本的东西都不懂，那么你只能算一个入门级的策划人。一个优秀的活动策划人，首先要懂得欣赏同行，甚至是其他行业的优秀案例，然后从中挖掘出能够"为我所用"的东西，平时也可以多读杂书、多看新闻和热点，说不定一个小小的启发，就能为你以后的策划工作增添新的光辉。一个好的策划人，一定是对各个行业都有所了解，而不是闭门造车。很多优秀的策划人，知识面都挺广，而且兴趣爱好多，这样在做活动策划时能够熟练地从相关领域中提取有用信息。

1.3 策划要有大局观

在足球比赛中，有一个名词叫"上帝视野"，意思是说，在常人看来，明明不是传球的好机会，或者是只有一条非常隐蔽、非常狭窄的传球通道，顶级球员却可以用极具想象力的传球打破对手的整个后防线，进球也就随之到来。这种上帝视野，我们经常称为大局观。

同足球比赛一样，活动策划也是需要大局观的，因为活动策划是由很多个环节组成的，如活动主题的制定、活动的物料准备、对各环节内容的打磨、亮点的提炼、媒介的宣传，等等，这就要求活动策划人是一个多面手，每一个环节都能想到。当你具备大局观以后，你就会想方设法调动自己手中的资源去实现活动策划的细节；当你不具备大局观的时候，很可能会在某一些环节上面出错，从而导致整个活动的"黯然失色"。

我们团队每次给客户做策划方案，尤其是做活动策划方案的时候，在正式提案前总会强调一句话："再想一想。"即再想想哪些环节是需要完善的，再想想哪些地方是疏漏的，以便优化。

有一次做一场艺人见面会，团队把所有的环节都推演了一遍，大家都认为没什么问题，不会有失误。结果在执行的时候，万万没有想到台下的观众过于热情，一下子就冲到了舞台上，把T台给踩塌了。当时这件事还上了新闻，好在并没有造成人员受伤。当时我们疏忽的是，没有在T台边上部署足够多的安保力量。原因有二。首先，我们想当然地认为 T 台比较高,应该没事;其次,我们忽略了台下人员的行为,认为他们不会往台上冲,所以就没有在 T 台边上安装围栏之类的设施,这确实是我们的失职。后来但凡再有这样的活动,我们都会增加一道围栏,也会增加安保,以免出现其他人冲上 T 台的突发情况。

说到这里,肯定有人会问,如何培养大局观?其实方法很简单,当你把一个活动的策划方案写完后,先在脑海中推演一下所有的环节,如果你一个人推演不了,就把同事喊过来一起推演,从舞台的布置到迎宾接待,到环节推行,再到灯光音响及退场,甚至包括大合影环节,从头到尾完整地推演一遍,分析可能存在的问题。然后在脑海中尽可能全面地对一些突发性事件进行预演,如天气、交通等,这样就有机会开启预案机制。

在推演策划方案的时候,可以由同事提出疑问,甚至可以让他们提出反对性意见,然后由你分析该如何应对。

除了上述方法,其实还有一种培养大局观的方法,就是丰富自己的知识储备。如果你视野较广,人文、科技、经济、历史、地理、音乐等领域都有涉猎,并且拥有足够的知识储备,那么你在做活动策划的时候,就可以自如地调用这些知识储备。比如说你在一场演唱会上看到一个环节设计得非常好,你就可以将其用于活动发布会现场。

一场活动往往由很多琐碎的事情构成,而且前前后后要准备很多东西。比如,确定整个活动时间,确定这段时间之内每一步应该做什么。除此之外,还包括以下内容:

(1)前期应该确定一个怎样的主题?

(2)应该怎样设计活动策划方案?

(3)应该准备什么物料?

(4)应该怎样落地执行?

(5)怎样进行现场布置?

（6）怎样进行后续宣传？

同时，还要对整体的费用预算有一个宏观的概念，毕竟巧妇难为无米之炊。

所以说，活动策划人要有大局观，要清楚活动中的每一个环节。虽然不需要对每个环节都亲自过问，但至少要有人负责把各个环节上的事情一一落实，这就很考验一个活动策划人的统筹能力与组织能力。如果你的统筹能力和组织能力比较强，那么你做活动策划是非常有优势的。

一般好的策划人情商会比较高，因为一场活动下来，要打交道的人非常多，除了同事和客户，还有第三方物料公司、演艺公司、灯光音响公司中的各类人员，以及在现场做搭建的工人。不管是客户，还是同事及其他合作者，都要搞好关系，以免他们拖延时间，影响活动的进程。如果你的情商比较高的话，这对整个活动的执行会很有好处。

除此之外，还要懂得如何处理突发情况。在活动的执行当中，突发情况是很常见的，如某个灯不亮了、话筒没有声音了、演员走错台了、嘉宾发言超时了，等等。对于这些情况都应该在脑海中预演，哪怕是没有遇到过的情况，也要具有随机应变的能力，而且要跟同事或者下属灌输这种思想，让他们在遇到这种问题的时候不乱阵脚，遇到问题能够及时解决。当然，在实际执行中，某些突发情况让具体环节的负责人去处理即可，但前提是在执行之前要告诉他们应该怎样处理突发情况，并且给他们授权。

1.4 优秀策划人的思维与习惯

每一个人的成功都不是随随便便的，背后都会有很多辛苦与努力，同时也需要掌握足够多的技能，做活动策划也不例外。优秀的活动策划人大多具有以下思维和习惯。

1.4.1 两大思维

每个人都有自己独特的思维方式，而且每个行业、每个领域也都有属于行业特有的思维和解决问题的方法。以活动策划为例，一个优秀的活动策划人一般具有以下两种思维。

1. 全局性思维

作为活动策划人，首先要有大格局。与执行人员不同的是，活动策划人需要站在一定高度去观察和发现并解决问题。比如说策划一场活动，从立项开始，到确定主题、宣传预热、中期执行，再到后期的宣传与总结，等等，其中涉及的东西非常广，包括策划活动方案、撰写文案、图片设计、物料的准备、人员的邀约，以及会场的搭建等，这就要求策划人必须具备全局性思维。尤其是做网络活动策划，首先要想好能够吸引别人参加的利益点，如奖品是一个手机还是现金，抑或是其他东西；其次要思考怎样让更多的人知道并且参与这个活动，这个是非常重要的。

2. 传播性思维

过去因为媒体的局限性，传播性思维可能并没那么重要，但在互联网时代它却非常重要。因为一场活动能够吸引人气、炒作热度，能让更多的人知道，这是非常重要的，任何时候我们都要秉持最大化传播的思维，从引发话题的角度去做策划方案。

上海曾经有一场展会，参展的品牌方有上千家之多，商家为了吸引更多的人气，让更多的人来到自己的展位面前，各家都是绞尽了脑汁。

有一些品牌方提前通过公众号、微博、抖音、小红书等进行了全面宣传，并且投放了抖音信息流广告，告诉潜在客户，他们即将在上海的某个展馆参展，如果可以邀请他人一起到现场，将有机会获得精美礼品并且可以参与抽奖。在活动现场，品牌方还会安排工作人员举着印有品牌名称和展位号的牌子，在各个展馆之间走动，以吸引更多人气。

1.4.2 五大习惯

优秀的活动策划人除了要具有全局性思维和传播性思维，还应培养一些良好的习惯。

1. 建立自己的数据库

要学会建立属于自己的数据库，这一点非常重要。因为做活动策划我们经常会写各种方案，要想省时、省力，还要高效，就要经常调用自己的数据库。比如，我们准备写一个母婴类产品推广的活动策划方案，就可以找类似的方案进行参考，将里面一些亮点为我们所用。这就要求我们平时在工作中有敏锐的洞察力，只要觉得某个思路不错，就可以马上保存并加入数据库，以备下次使用。

我有一个同事，他建有一个文件夹，专门保存活动策划的布场图片，从国际品牌到国内品牌，从大型活动到沙龙活动，各类图片应有尽有，这是他多年工作中的积累。在寻找场地布置图片的时候，只要觉得某个布景效果不错，他就会把它存下来，这一次不一定用得上，但下次也许就可以用得上。除此之外，他还在浏览器里收藏了很多有用的资料，如介绍活动布置或者是关于活动主题的文章等，只要有需要，通过浏览器随时随地可以调用。

除了浏览器收藏，微信也有收藏功能，平时大家在看到写得不错的文案或者是有价值的内容时，都可以收藏起来。在下次做活动策划的时候，可以把收藏的这些内容打开来翻看，从中寻找合适的方案，这样能够节约大量的时间，提高工作效率。

2. 观摩不同行业的活动策划

活动策划涉及的行业特别广泛，包括服装、食品、美妆、箱包、互联网等，每个行业都有自己独特的活动策划方式，同时又有很多共性，我们要尽可能多地了解不同行业的活动策划方式。例如，美妆行业做活动一般会比较时尚、引领潮流，喜欢迎合年轻人的喜好。因此，从舞台灯光到节目表演，再到场地的布置搭建，最好有很多吸引年轻人的元素。

在做活动时，如果将客户定位为年轻人，那么品牌活动策划就可以借鉴美妆行业的活动策划。这些活动在各大网站上都是可以搜索的，只要用心搜索，就可以看到很多相关活动的策划内容。

虽然说隔行如隔山，但是在活动策划方面，不管是哪类活动，它们的思路都是相通的。如果你想有一些新的突破，就要多关注本行业以外的活动，了解其他活动的思路和亮点，然后进行学习。

作为一名优秀的策划人，一定要懂得如何跨界去寻找资料和灵感，并能进行变通。

3. 随时看、随手拍、随手记

在自媒体时代，大家都可以随时拍摄、随时录像、随时剪辑。当你看到一场好的活动时，你也可以随时把它拍摄下来，存储于自己的资料库。哪怕是公交站台上的一个广告，或者是商场里的一个小物料，只要是你认为有趣的东西，都可以随时用手机记录下来。此外，如果脑海里有比较好的想法，也可以通过手机备忘录进行记录，以作备用。

当你有需要的时候，就可以翻一翻所拍摄的这些素材，从中找找灵感，说不定里面就有你想要的创意。

4. 善于沟通

做活动策划时，有一个约定俗成的说法，就是细心写方案，大胆去沟通，认真做执行。大胆去沟通，其实是指及时与你的同事或是客户进行交流，让他们一起参与进来，一起讨论方案是否具有可行性、哪些地方需要优化等。

作为活动策划人，如果有什么想法千万不要藏着掖着，你自己认为很好的创意，如果不跟别人讲清楚，别人就没法领悟，也就很容易弄巧成拙，甚至耽误进度。

在每次做活动前，我们可以先在内部进行一场头脑风暴，确定一个大体思路之后，再把它细化成方案，然后跟客户进行讨论，最后共同决定哪些东西要做，哪些东西要舍弃。

需要注意的是，在做头脑风暴的时候，大家要畅所欲言，各抒己见，因为每个人看事物都有自己独特的见解，每个人的观点也都有可借鉴之处。切忌做低效、无用的沟通，否则只会浪费时间，影响大家做事情的激情。

5. 善于复盘和总结

成功的活动有很多，但绝对完美的基本上没有。不管你如何面面俱到，怎样的心思缜密或未雨绸缪，都会或多或少地存在瑕疵，所以复盘和总结就显得非常重要。

每一场活动结束以后，要尽快进行复盘和总结，让项目组的所有成员聚到一起，甚至可以与品牌方一起进行复盘，把这场活动中的问题一一罗列出来，看哪些地方需要改进，同时也需要把成功的经验总结出来，方便下一场活动借鉴。最好记下过往一些活动的情况，只有把这些东西记清楚了，才能为下一次活动的成功打下好的基础。

活动结束后的放松休闲是必要的，但一定不要忘了复盘和总结，这是一个人快速成长的一个途径。就像读书时整理错题本一样，虽然看着错题很刺眼，但是它会让你明白自己错在了哪里，有助于改正，下次不再犯错。

1.5 ▶ 3点，让你更好地胜任策划岗位

一个好的活动策划人并非一天练成的，虽然这个世界上有很多有天赋的人，但有天赋的人也是需要引导的。如果引导得好，再加上勤奋与

努力，就一定能在自己的专业领域成就一番事业。那么怎样才能更好地胜任策划岗位呢？一般可以从以下3点入手。

1. 锻炼框架思维能力

有些人写策划方案，可能一个星期都写不出一页，因为他没有清晰的思路。而有些人一天就能写完，效率非常高。一方面说明他们对于框架把握得很好，另一方面说明他们思路清晰。这从侧面也可以反映出逻辑思维和框架思维的重要性。

那么框架思维能力是怎样培养的呢？其实就是在自己日常的工作当中多学习，多看别人是怎样做的，而且自己要经常动手，将思路整理成清晰的框架，以锻炼自己的框架思维和逻辑思维能力。只要假以时日，就可以轻松上阵。

2. 培养资源整合的能力

做活动策划，资源整合非常关键。有的人方案写得不怎么样，执行力也不强，但是资源整合的能力非常强，他们能从各种渠道搜集到不同的资源，而且性价比也有优势，这也是一项非常突出的工作能力。

我曾经有一个同事，写方案总说"头疼得要死"，现场执行的时候又总喜欢玩手机，但是活动当中需要的任何东西，他都能弄到，就算不能马上弄到，最终他也能通过他的圈子弄到。后来我就问他，你是怎么认识这些人的，他说是平时关注很多相关群，也会通过一些朋友介绍或推荐。他手上既有做灯光、音响、物料搭建的群，也有关于做节目、礼仪的群，还有做婚庆及展会的群，甚至有专门给会议做服装定制和礼品定制的群。他离职以后，这些资源传递给了新同事，确实非常好用。有一次我们要找一个开场节目，就在他的那个群里面"喊了一嗓子"，马上就有几个人过来给我们提供了对应的资源。从那时起，我也开始很认真地打造属于自己的人脉资源，很多资源平时看起来用不到，但关键时刻就能起到非常大的作用，而且非常高效。

因此，平时大家可以留意一下节目、物料、灯光、音响、舞台搭建、展会搭建的相关人员或交流群，甚至包括演艺人员、主持人，以及与礼品定制相关的人员或是交流群，以备不时之需。

3. 培养捕捉信息和搜集信息的能力

做活动策划，我们需要有强大的信息捕捉能力。比如，我们要做一场活动，活动的主题从哪里来？活动的环节、内容创新又从哪里来？很多都源自我们对生活的观察和发现。我们在浏览网站的时候，如果看到比较有价值的信息，或者是在视频平台看到了不错的内容，就可以考虑如何将其"为我所用"。

比如，之前有一部特别火的电视剧，针对男主角戴过的手链，一些手链品牌方就策划了同款手链的线上活动，还带有有奖买赠和有奖促销活动。他们的宣传图上都带有男主角的图片，以及与之相关的一些影视剧片段。由此可见，这些品牌的运营推广人员的信息捕捉能力非常强，知道怎样把握热点信息。

再如，之前某档综艺节目比较火，一些品牌活动的主题就直接蹭了综艺节目的名字，这也是一个常见的追热点的手段。

对于有价值的信息，我们都可以进行借鉴。比如说微博中的热点，小红书也会借用，抖音也会跟上，甚至连知乎、B站也会一起跟风。所以，当你策划不出有价值、有传播力的内容时，也可以在某个平台上跟个热点，大家一起把某个内容给炒热。但前提是你一定要具备敏锐的洞察力，否则你很容易错失借用热点的时机。

要想培养敏锐的洞察力，平时我们一定要懂得信息积累，多关注新闻，多留意生活，一旦有好的热点或话题，或是好的物料等就要立马记录下来，以"为我所用"。

除了上述3点，要想更好地胜任活动策划这个岗位，就一定要积极地参与整个流程，吸取经验。同时也要多看看别人策划的活动，博采众长，这样有助于扩大你的眼界，提高你的认知和理解能力。

例如，在每次开会的时候，我都会跟酒店的工作人员聊天，询问他们最近有什么会议或活动，有没有相关的视频和图片。虽然他们拍这些素材只是为了宣传自己的酒店，但我会参考对方的灯光音响怎么弄，活动物料怎么搭建，等等，对我会有很大的帮助。

1.6 借助新媒体，让活动传播范围更广

随着抖音、快手、小红书、B站等新媒体平台的崛起，活动策划也发生了诸多变化。如线下活动，过去只是倾向于线下的传播与执行，但现在很多品牌在做线下活动时，会更大力度地在新媒体平台进行宣传，以扩大活动的影响力。有一些大型的活动，如展会性质的活动，活动还没开始，就已经在网络上投放信息流广告，让网友报名领取门票，并来参加活动。可以说，现在的线下活动已经全面拥抱新媒体，新媒体的传播在活动中起着举足轻重的作用。

现在线上活动也越来越热闹，早期的线上活动多是在一个网站上挂一个链接和一个设计版面，然后设置手机、平板电脑等奖品来吸引大家参加。现在的线上活动多是通过某个话题来吸引更多人关注的，比如说某个品牌做10周年盛典，他们就会在网络上面发起关于品牌盛典的话题，网友只要在发布的内容中带上与这个10周年盛典相关的话题，就有机会参与抽奖，从而扩大了品牌活动的传播范围。

之前某歌手在抖音上开演唱会，有3.5亿人次的观看量，这其实就是一个非常典型的线上活动。从活动策划的角度来看，该演唱会的宣传十分到位。在预热期时，抖音平台通过信息流及个人消息推送相关信

息；演唱会当天，受众点击抖音 App 的开屏广告，即可直接跳转到直播界面。抖音官方通过这种方式，让受众知道在当天晚上有该歌手的演唱会。

在新媒体时代，不管是做线下活动还是做线上活动，都要时时刻刻与新媒体相融。如果你是做线下活动，可以在现场通过易拉宝等告知大家，只要发布与本次活动有关的内容，不管是在朋友圈发布还是在抖音、快手、微博上发布，都有机会获奖，这样就可以把线下活动跟线上活动结合在一起。

如果只是做线上活动，那么对新媒体的利用会更加充分。一般来说，线上活动除了在前期会利用新媒体进行预热宣传造势，在执行期间也会利用新媒体到处做分发宣传，在活动结束之后，还会挑选一些优质的、有话题性的内容利用新媒体进行二次传播。

现在很多影视剧的宣传，也都充分借助了网络的力量。影视剧在网络上"火"了之后，还会在线下开展一系列见面会等活动。这些线下活动的视频又会被发布到网上，这样就形成了非常广泛的传播链。

总之，在新媒体时代，做活动一定要利用网络的力量。在进行活动策划的时候，要充分把新媒体考虑进去，这样也许会有意想不到的效果。

1.7 打造活动专属 IP

IP 这个词在这几年非常火爆，不管是在影视剧圈还是在报刊上，抑或是在一些文创衍生品上都可以看到。一个大的 IP 可以看作是一个有流量、有吸引力和影响力的磁体。

比如，美国的很多影视剧中的英雄，像钢铁侠、蝙蝠侠等，这些人物都是一个大的 IP，包括国内的一些非常有影响力的书籍，如《三体》

《盗墓笔记》等，也都是大的 IP。大 IP 的最大优点就是能够吸引很多人的关注，所以很多人都想打造自己的专属 IP。近几年很多活动也在有意识地持续性地打造自己的专属活动 IP，像知名的草莓音乐节、上海电影节、马拉松比赛、动漫展，等等。

一个好的 IP 的形成不是一蹴而就的，都是经过一定时间的积累才形成的。首先要输出高质量的内容，以吸引大家关注，引起大家共鸣，大家才愿意参与其中，愿意分享出去，从而再吸引更多的人来了解和参与这样的活动。如此往复，才能逐渐形成有影响力的 IP。

好的 IP 往往会自带流量，可以自动吸引很多"粉丝"的关注，并能够实现比较成功的商业转化。所以，我们在策划活动的时候，除了要完成基础的环节，还要考虑形象、内容、场地、传播等多种要素，为我们的活动打造一个专属的 IP，为下一次活动的举办做好铺垫。

作为活动策划人员，应该从哪几个方面入手打造活动的专属 IP 呢？接下来将详细介绍。

1. 形象的 IP 化

很多企业做品牌喜欢用统一的形象，并持续输出。比如说品牌的 VI（Visual Identity，视觉识别系统）是绿色的，可能所有的物料元素包括相关的设计都会围绕绿色去设计。做活动也是如此，要围绕着整个活动的调性及主色调去策划，然后持续性地去做，以形成自己的 IP。

当我们给某个公司或者某个客户策划活动的时候，最好建议他们能够持续做下去，而不是只做一场两场。如果能持续做下去，就有机会把此活动做成一个 IP，进而有助于把它打造成一个自带流量的活动。

例如，这两年抖音上比较出圈的贵州"村 BA"篮球比赛，以及贵州的水牛大赛，他们的整体输出虽然没有用到什么形象或者物料，但他们的整体输出的氛围，已经形成一个形象化的 IP，能够吸引很多人持续关注。

2. 内容的IP化

内容的IP化是极其重要的,像我们所熟知的傣族泼水节就已经成了云南的IP,当然,除了泼水节,云南的IP还有西双版纳的秀美风景及傣族文化的浓郁风情。

例如,某喜剧演员每年春晚的那一句"我想死你们了",也成了极具IP特色的传播语。观众一听到这句话,就会想起这个演员。

我们在做活动策划的时候,也可以为活动取一个朗朗上口的传播语,这样就可以在以后的活动中持续使用。比如,每年的"双11"活动的传播语"错过一天,再等一年",基本每年都会使用,这已经形成了"双11"促销活动的独特宣传。除了宣传语,对于其他有亮点的内容,也可以在后续活动中持续运用。

3. 场景的IP化

场景的IP化和形象的IP化有很多相似之处,都是通过物料所营造的氛围来打造IP的。场景化的IP就是通过场景来深化大众的认识和了解,让大家一进入这个环境里就会比较兴奋。就像参加读书会,有些人也许平常懒于读书,但一到读书会这个地方,就会不自觉地喜欢上了看书,而且那种氛围会让人流连忘返。

4. 打造IP化的活动专属玩偶

打造活动专属的IP化玩偶,是很多活动策划人会想到的,就是为某一场活动设计一种玩偶形象,当这个玩偶出现的次数多了,也就给观众留下了深刻的印象,大家自然而然就会想到这个活动的品牌方。比如,蜜雪冰城每次做促销都会安排雪王人偶(见图1.1)在活动现场跳来跳去;又如,啤酒节之类的活动也会安排类似啤酒瓶的人偶,在现场跟大家互动。

图1.1 蜜雪冰城专属IP玩偶——雪王

之前我应品牌方要求策划了一场千人活动，其中一项提案就是打造品牌方专有的 IP 玩偶，于是当时就给他们设计了一对玩偶形象，并且制作了两个非常大的玩偶模型的服装，然后找人穿上，在现场进行互动。同时还做了很多小的玩偶公仔，送给每一位在场的观众。当时的氛围相当好，所以后来每次活动都会把那两个大的玩偶弄到会场，持续性地把它打造成一个 IP 玩偶，扩大了品牌的知名度。

5. 其他 IP 衍生品

IP 衍生品就是做一些专属定制的东西，如上文提到的小的玩偶公仔。IP 衍生品也可以是钥匙扣、水杯、手套、围巾、抱枕、创意性摆件等。总之，就是通过成本不高但很有趣的东西，把品牌方的 Logo 或活动的专属标志体现出来，然后送给大家，让大家通过这类衍生品对品牌方形成记忆。此外，大家在收到这些小礼品的时候，就有可能发个朋友圈或是发条抖音，非常利于二次传播。

第 2 章
活动策划中常见困难与应对方法

无论多么优秀的活动策划人,只要活动策划做久了,或多或少都会遇到一些困惑。这一章将主要讲述怎样解决这些痛点,如何更好地做活动策划。

2.1 无从下手?先了解活动类型

不管是策划新手还是有策划经验的人,都会遇到面对一场活动无从下手的情况,为什么会出现这种情况呢?主要有以下几种原因。

(1)对行业状况不了解。如果策划的活动是自己所熟悉的行业,那么这个原因对我们产生的影响就会较小;如果是自己不熟悉的行业,且我们对这个行业的特点和发展状况不是很了解,那么做出的策划方案很可能会不理想。面对这种情况,我们应该最大化地去了解该行业的特点,同时参考该行业的其他活动形式,以最快的速度去了解这个行业的状况,解决行业认知欠缺的问题。

(2)关于亮点的迷茫。不管是做什么活动,都必须要有亮点。有些人会认为某个亮点自己以前用过了,或是其他竞品用过了,再用就没有创意了,甚至有时感觉不知该怎样寻找亮点,这其实是无从下手的重要原因。

当你策划活动无从下手的时候，不如静下心，理一理思绪，思考以下几个问题。

- 这场活动的目的是什么？
- 有没有可以借鉴的亮点？
- 场地应该怎样布置或页面应该怎样设计？
- 怎样才能让更多的人参与进来？
- 怎样才能为这个活动制造更大的声势？

基于此，我们都要以终为始，在构思的时候想一下自己的目的是什么，然后围绕这个目的构思内容。常见的活动目的包括盈利、发布产品、扩大品牌影响力、拉新客、引流、售卖产品等。

活动的目的不同，我们所使用的方法肯定也不一样。

常见的活动策划的目的，一般有3种：销售、拉新客、宣传造势。有了这样的目的，我们就可以搭建自己的活动框架。

1. 销售型活动

销售型活动包括会议销售、活动促销等类型，一般做这种活动以销售为原则，我们就要考虑如何邀请、如何引流、如何激发消费者购买或签单的欲望。一般可以从产品的大力度优惠、赠品的超值赠送、产品功效的超级满足、奖品的超级诱惑几个方面入手。

销售型的活动要解决的核心问题就是邀约引流、刺激购买这两点。围绕这两点，再向里面填充具体的内容就可以更好地策划活动。

之前某连锁餐饮品牌做门店促销，在活动前一周利用当地的资源拉起了条幅、贴起了海报，并利用当地的自媒体发布广告，吸引大家关注。在活动前三天又和当地的其他行业合作，如影楼、服装店、超市等，利用他们的社群资源发布广告，吸引大家前来，并且在现场设置了砸金蛋抽电动车的活动，吸引了很多人的关注。他们现场的体验做得很好，包括免费试吃、拍活动现场图片免费送一道指定菜品等，增加了很多人气。同时现场还送各种小礼品，如小朋友最爱的小玩具、大人们喜欢的实用物品等，只要发朋友圈就可以免费领。因为活动的声势造得很大，所以活动效果也非常棒。

2. 拉客型活动

拉客型活动的目的在于引流，聚集人气，活动当天并不一定产生销量，但是只要聚集了足够多的人气，就可以为后面的销量打好基础。拉客型活动，一定要利用大家"爱占便宜"的心理，让他们分享裂变，并成为我们的私域流量。与销售型活动不同的是，拉客型活动的核心在于"引流"，而不在于"销售"。

早期做微商的那些团队，就是靠着拉客的方式发展起来的。人数是他们销售的基础，他们为了吸客，除了频繁发布朋友圈，有实力的还会开招商会，如果资源或者资金有限，也可以通过地推的形式，在小区或是人流量较大的地方摆放展示台，并且赠送试用装等小礼品，吸引大家加盟。同时他们还会购买很多小道具，如儿童喜欢的荧光棒、气球等，让宝妈扫码关注他们的公众号。针对有护肤需要的女性，他们会低价送产品，如一支标价99元的洗面奶，就9.9元送，实际上这个洗面奶的成本可能只有9.9元。他们就是利用客户爱占便宜的心理，吸引大家关注。他们也会进入各种社群拉人，和不同的行业形成异业合作。虽然微商在今天看来慢慢式微，但当时的能量还是很大的，这种引流的方式放在今天也是值得学习的。之前的微商很多都转做了抖音，通过拉客型活动在抖音平台进行招商合作，效果也不错。

3. 宣传造势型活动

宣传造势型活动以打造人气为主，主要是通过各种宣传物料或宣传工具开展。除了传统的传单、折页、海报、条幅，新媒体的运用在当下也必不可少，如抖音、快手、微博、小红书、微信等平台都是标配。

2023年2月，河北邢台一家美容院开业。因为选址并不是太好——在较为偏僻的二楼，所以开业宣传显得十分重要，引流已经成为他们活动的第二目的。他们当时的宣传是通过抖音同城的方式，注册了抖音的蓝V账号然后进行推流，同时老板和店员各自利用抖音和视频号每天发送10条抖音视频（每发一条，老板给十元奖励），同时他们的小红书和朋友圈同步进行。为了发朋友圈，他们还租用了一百个本地人的朋友圈，一条五元钱，进行宣传，宣传的文字中会带有店名和地址，图片上带有店里客服的二维码，并且明确服务的优惠体验套餐。这一整套操作下来，效果很明显，三天时间就吸引了几百位女性关注，有近百位亲自到店体验，这算是一个很成功的案例。

不管是销售型活动、拉客型活动，还是宣传造势型活动，利益点都是非常重要的，因此把利益点、亮点和引流宣传做好，一个活动就成功了一半。下面是关于活动策划的组合，也可以说是万能模板：活动背景＋活动目的＋活动主题＋活动时间＋活动地点＋活动对象＋活动形式＋活动亮点＋活动流程＋活动预算＋活动宣传（前期、中期、后期）。

当你不知如何做活动策划的时候，就可以根据这个模板填充内容，如此操作几次，就有思绪了。虽然模板是通用的，但一场活动的灵魂却不在于模板，而是在于你的想法与创意。怎样用有创意的内容丰富这个模板，才是我们必须要深入学习的。

2.2 困难一：主题确定后，不知如何延展

做任何活动最先确定的都是活动主题，不管是线下活动还是线上活动，主题都是一场活动的灵魂。它可以很直观地表达一场活动的目的或是想要传达的信息、情绪。所以当我们确定好活动的主题之后，所有的内容都要围绕这个主题来慢慢填充。一般来说，我们需要填充以下内容。

1. 创意

创意是指这个活动吸引人的地方，也就是我们通常所说的亮点，我们需要用亮点来让活动更有意思、更吸引人，这是需要关注的。比如，我们做一场线上的模特大赛活动，那么亮点可能包括有名模做评委，参赛的选手有机会获得××赛区的直通卡、可以获得××模特机构的签约，或者说能够获得海外学习深造的机会，再或者是能够获得非常不错的奖励，这些都是能够吸引别人参与的噱头。没有噱头的活动，往往是一场平淡的活动。因此，要为活动找到创意，以吸引更多人参与。

2. 环节

设置活动的环节也是至关重要的。例如，关于写作的比赛中，举办方设置了PK赛，同一类型的小说进行PK，人气比较高的就可以晋级。这种环节设置看似比较普通，但PK环节很吸引人。还有一些线上活动，他们设置了晋级赛和复活赛，就是说选手被淘汰后，还有机会复活。这样做是为了刺激一些被淘汰的选手再度晋级，这样也能提高整个活动的人气与热度。

总之，不管是什么样的环节，我们都要尽量让它有趣一点，这样会有利于活动的传播。

3. 文案

文案涉及整个活动中所有宣传性内容，包括详情页内容、活动物料上面的文字及邀请函中的内容等，还会涉及视频邀约中的相关内容。

好的文案能够起到意想不到的效果，能让活动更精彩，能吸引更多的人等。

4. 物料

线下活动的物料涉及的范围比较广，如接待背景、产品展示背景、KT板、奖品等。如果是线上活动，物料主要包括活动的主题页、详情页、投流广告等。一场活动需要哪些物料，需要在物料表中详细罗列出来，在准备时参照物料表进行选择，以免遗漏。

5. 传播

传播就是指通过哪些渠道进行宣传，行业媒体有哪几家要罗列出来，宣传的网络平台是抖音、快手，还是小红书、微博等，这些也要进行规划。如果是线下的促销宣传类活动，涉及的东西会更广，可能会涉及折页宣传、条幅宣传、本地公众号及社群宣传，等等。

6. 引流

引流主要是指用一定的利益点进行邀约，比如，通过微信、社群、抖音信息流、小红书信息流邀约或是通过短信邀约。在确定利益点的同时，可以通过平台来吸引流量，以进入我们的社群，或是进入我们的店内，或是来参与我们的活动。比如，某个商品超市举办了一场促销活动，通过送鸡蛋来引流，方式是通过在街头发放宣传单，吸引顾客到超市拍照发朋友圈宣传新店开业，当天即可获赠鸡蛋十个。

近几年随着新媒体崛起，很多活动为了吸引大家参与，喜欢通过抖音或其他平台进行信息流投放，利益点一般是免费送门票或是送某种祝福。有兴趣的人刷到这条短视频以后，就会点击进去，系统就会让用户填一个表格或者加一个微信，这样用户就成了被引流的目标客户。

7. 成本预估

成本预估就是进行成本核算，活动策划的成本一般包括场地费用、奖品费用、人员费用、物料费用、媒介宣传费用，这些都要进行细化，罗列其中。

2.3 困难二：挖掘不出活动亮点

在做活动策划时，找不到好的活动亮点，是令策划人非常头痛的事情。一场成功的活动，亮点是其核心要素。不管是线下的活动还是线上的活动，一定要有吸引人的亮点。

那么，怎样才能找到好的活动亮点呢？

1. 建立素材库

有工作经验的人，基本上都会建立自己的素材库。建立素材库主要在于日常的积累，不管是通过自己搜索而建立的还是从别人那里请教回来而建立的，总之，都要有自己的素材库，并且每过一段时间就要翻一翻，看能否找到一些灵感作为活动亮点。在每次做活动的时候，都把以前的素材库翻一下，看一下里面的会场布置及环节设置等，这样总能发现一些不错的点，而且能够提高工作效率。

2. 利用好搜索引擎

在找活动亮点时，一个人的智慧是有限的，群策群力才是最好的方法，尤其是在互联网时代，学会使用搜索引擎可以搜集到很多你不了解的知识。如果你不清楚自己想要的亮点是什么，那么不妨通过搜索引擎向同行学习，甚至向其他行业的策划者学习，看他们是怎么做活动、怎么引流、怎么对活动进行放大并且很好地进行传播的，可以把好的思路借鉴过来，再加上一些自己的创意即可。

3. 从各大平台挖掘

就目前而言，通过新媒体平台来寻找素材也是一种比较好的方式，如抖音、快手、小红书、知乎等。我们可以在这些平台上搜索，它们当中有一些很好的案例，我们可以学习借鉴，这些都是非常便捷的方式。

除了常用的百度搜索、谷歌搜索、抖音搜索，其实微信的搜索功能也很强大，通过微信的搜索功能，我们可以搜索朋友圈、公众号上发布的内容。虽然大家平时用百度搜索或抖音搜索居多，但微信搜索也可以给人带来意想不到的效果，因此，在寻找亮点时，也可以使用微信搜索功能来搜集更多信息，以获取策划灵感。

4. 社群

一般来说，每个行业都有自己的专属群，当我们有疑虑的时候，可以与群里的同行去进行交流或者进行资源整合，将大家的想法或意见进行汇总，再提炼出精华，这比一个人苦思冥想的效果要好很多。

当然，现在也有一些付费的社群，专门帮大家解决各种问题。如果条件允许，大家可以进入这样的社群去提升自己，不仅能帮助大家积累经验，而且能提升大家的策划能力。

2.4 困难三：方案不被认可

在做活动策划的过程中，相信很多人有过这样的经历：明明方案写得挺好，落地执行细则写得也不错，但是客户或公司内部就是看不上。

以前做过一场汽车的新品发布会，同事当时费了将近半个月时间修改的方案，最终却被淘汰了。同事就去问老板，是不是因为自己的方案不够好，希望老板指点迷津。

老板说这个方案看起来是没什么问题，客户也觉得方案还可以，没有通过的原因在于花费远远超过了他们的预算。

上述案例中的活动策划方案被淘汰掉，花费高是其中一个原因。策划方案不被认可，主要有以下几个原因。

1. 花钱多

这就是上述案例中所提到的，当活动执行费用远远超过活动预算时，基本上就难以逃脱被扼杀的命运，这也是多数活动策划方案被"毙"掉的原因。

2. 假大空

很多人在写策划方案的时候，擅长写全套的策划方案，就是把活动背景、活动的要素等都写进去。其实作为新手活动策划人写这些倒没什么问题，因为可以锻炼你全局的思考能力。但是当你有了一定的工作经验后，如果再写这些啰唆的东西，而没有实际的策划内容和亮点，大家就不愿意看了。而且当内容不够丰富，全靠PPT凑数的时候，难免会给人假大空的印象。

3. 难落地

很多时候，易执行、易操作是衡量活动成功的一个重要标准。如果我们策划了一个很有创意的活动，但根本没办法落地执行，这就会很尴尬。比如说我们需要一个很独特的异形物料，现场却没有办法实现它，那么这个设计就会被淘汰。

曾经我一个同事的策划案是用KT板搭一个造型，但是KT板这种材料根本没有办法支撑5米多高的高度，即使用胶粘、用扎带扎，依然会出现风险，所以为了保险，这个造型方案最终被淘汰了。从今天的技术角度来说，我们可以用PVC板或是质量好的KT板去做造型，并且用很好的胶水把它粘住，但是在过去，技术条件不够，很难实现，因此很容易出错。

4. 创意不够

不少情况下，我们觉得自己写的方案创意很不错，从内容的创意到物料的创意，甚至到怎样吸引人等环节，自我感觉都不错。然而，从活动参与者或者消费者的角度来看，它并不一定吸引人，因为每个人在做策划时都会自我沉浸、自我陶醉。因此，所写的策划方案是否真有创意，还需要大家的检验。

曾经我们做过一个发布会。当时有同事想启用无人机，把启动仪式的钥匙送到现场的一位重量级嘉宾的手里，以此作为活动亮点。按理来说这个创意还不错，但是当时到场的嘉宾基本上都参加过另一场类似的行业活动。而我同事没参加过类似的行业活动，所以不清楚细节，结果变成了把别人都见过的设计再拿出来做，好的创意就变成了"炒剩饭"。

什么是一个好的策划方案呢？行业通用的评判标准是，第一，方案简洁不啰唆；第二，可执行；第三，易传播。如果要再加上一条面子上的标准，那就是PPT排版精美。

2.5 困难四：方案不错，执行却稀烂

有一些策划方案，不管是主题还是内容，抑或是现场的布置信息，写得都非常精彩，但是在执行的时候却经常遇到这样或那样的问题，导致活动最后的效果与预期相差很大。但凡出现这种情况，往往并不是因为活动策划方案的问题，而是因为活动执行时出现的差错，大致有以下几种情况。

1. 理想主义

一般活动策划方案写得太精彩的话，就容易给人造成一种圆满的假象。这种理想化的方案，会给人比较高的期待，当这种期待过高的时候，就很容易出现与实际情况相差较大的落差。

曾经我们在活动现场搭建了一个互动区，希望能够吸引人在此驻足拍照并转发朋友圈。但在实际执行的时候，基本上没几个人在那里拍照留影。问题出在哪儿？原因在于它的摆放位置并不在大众行走的路线上。因为当时的会场两侧都有洗手间，我们原本设想的是参会人员是会往两侧的洗手间分散，结果却是大家都选择了离会场门口最近的那个洗手间，

而另外一侧的洗手间基本上没有人用,这就导致这个区域的执行失败。

还有一次,我们策划了一场网络活动,买满199元的"明星"产品就会返100元的现金券。当时我们认为这个力度是非常大的,而且非常划算,但始料未及的是选错了产品。因为当时店铺里那款参与活动的产品,是一个月前刚刚做过活动的"明星"单品,当时的力度也比较大,导致很多客户在一个月前已经买了很多这款产品,所以一个月之后再拿这个产品重复做活动,就显得没那么有吸引力了,这其实是犯了一个低级的错误。

2. 没有"踩场"

没有对活动现场进行"踩场",也是很多活动中容易犯的一个错误。在策划活动时,需要了解活动场地,以利于后面的活动落实,然而有很多活动,只有活动策划人员和活动的执行人员等少数人对整个场地比较熟悉,当其他工作人员对场地不熟悉的时候,就很容易出现问题。

比如,负责灯光的人如果不提前熟悉场地,可能连灯光控制设备在哪里都找不到;就算是找到了,如果他不提前熟悉灯光的一些操作,也是很容易出问题的。再比如,怎么调暖光、怎么关大灯、什么情况下全场亮灯、什么情况下亮氛围灯,如果没有把这些弄清楚,现场就容易出现混乱,影响活动效果。

曾经我们就遇到过这种情况,当时有一个负责酒店会议室内部灯光的人,因为晚上有应酬没提前熟悉灯光,而且又是新手,于是出现了跟场外请的灯光师配合不到位的情况,结果导致灯光的效果不好。

不管是室内活动,还是户外活动,都需要提前"踩场"。例如户外活动,起码要知道整个行走路线、物料的堆放、产品的陈列、嘉宾就座的位置,以及互动区的物料在哪儿。建议尽量做到在一人不落的情况下,对场地进行熟悉。

3. 没有彩排

策划一场活动，方案要想较好地实现，最好要有彩排，以发现问题并及时改善。

做一场活动，时间通常会比较紧张，有时是场地有另一场活动在举办，有时是背景搭建速度比较慢，导致时间不够用，大家往往会选择在私下几个人对对流程了事。但在这里要提醒大家的是，只要时间不是特别紧张，最好彩排一次，有时间的话可以多彩排一次，因为彩排会让你发现很多问题，会把整个流程中卡壳的地方都提前暴露出来，这样你就可以及时调整。

曾经有一次因为时间原因，再加上我们也特别自信，所以就没有彩排。结果在活动正式开始的当天，现场状况百出。先是工作人员找不到物料，模特也不清楚怎样站位和展示产品，再加上主持人对环节不是很熟悉，也没有事先沟通到位，现场基本上就是经常卡壳，非常不流畅，给现场参会人员留下了很不好的体验。

总的来说，哪怕你的方案接近完美，执行也应该更细化一些。不管是对场地的熟悉，还是对所有工作人员的分工，都可以与大家共同讨论，包括对主持人、模特、节目表演者的安排等，最好都能提前沟通。虽然有时候一些外请的演艺人员，可能在活动开始前一小时才抵达会场，但是我们也应该安排一个专门的对接人员跟他们讲清具体的事宜，比如，什么时间上场，上场之后有哪些注意事项，节目表演完是马上离场还是要与观众进行互动，这些都是影响活动的细节。除此之外，很多活动的环节经常会临时增加或删减，这也很考验整个执行团队的临场应变能力。

2.6 困难五：费用总是捉襟见肘

没钱——相信很多活动策划人都会遇到这个问题，而且经常是一个严重的问题。之前我们团队也遇到过很多次这样的情况,因为客户的预算不够,又想做一场高质量的线上线下联合活动,但是巧妇也难为无米之炊,所以我们只能在有限的预算下,最大化地打造活动的影响力和声量。

没钱可能就没有办法做更多的宣传推广,没钱可能很多物料就没有办法制作。像这种情况,我们一般只能从细节上进行雕琢,放弃很多东西,然而,舍弃也是一种智慧,舍弃掉的亮点要更换成另一种亮点才行。在活动预算有限的情况下,还能把活动做好,那才是本领大。

以前每次给客户提案,客户总会跟我们说预算没那么多,希望我们把方案再精炼一些、活动做得高大上一些,甚至网络上的人气较高一些。实际上每一个客户都会这样想:作为活动策划人,需要在预算有限的情况下,实现活动目的。

当然也会有人问,怎么样在没钱的情况下做好一场活动?

其实这个话题是比较空洞的,因为想要做什么样的活动,想要达到什么样的效果,都不是很明确。总的来讲就是,最大化放弃一些不重要的东西,把有限的预算花在刀刃上。如果是策划线下活动,就把人气做足,不管是用送礼品的方式、裂变分享的方式,还是用抽超级大奖的方式,都可以。如果是策划线上活动,让更多的人参与进来才是重要的,用奖品或者优惠券都可以。你要做的就是集中资源和力量,把钱用在这些能够吸引人的地方。

很多时候我们可以做一些小而美、小而精的活动。哪怕人数没有那么多,哪怕会场不是那么高大上,哪怕物料不是那么丰富,但是我们可以尽量走精致化路线,从细节着手,让每一个参与的人都能感受到我们的细节之美。

第 3 章
前期：活动策划落地前的工作

一场活动在前期是有很多工作要做的，除了确定场地，还有很多准备工作，像活动主题的拟定、方案的撰写，都是需要我们在前期做的工作。在前期把这些准备工作做好，才算是完成了一场活动的三分之一。本章主要介绍在活动的前期我们需要做哪些工作，以及怎样去做。

3.1 活动目的和预期效果如何制定

任何一场活动在确立主题之前，基本上都要有一个明确的目的和效果预测。就如打仗一样，不打无准备之仗，不打不明确目标之仗。任何一个活动，都要以明确的"目的"为导向，这样才能有序和有计划地开展。

1. 了解活动目的

在策划一场活动前，我们需要先了解活动的目的，比如说有些活动是为了销售，有些是为了扩大知名度，有些是为了抢占市场高地，有些是为了引流拉新，有的是为了提振团队士气，有些是为了激活老会员，等等。其实关于活动目的的制定，不需要什么理论指导，只需要大家牢记以下两点即可。

（1）切勿跟风。很多公司做活动只是为了跟风，并不能结合自身的情况。有些老板只是因为看到竞争对手在做某个促销活动，就召开团队会议说要做这样的活动，而完全不顾市场环境的变化，以及自身渠道的特点。盲目跟随或模仿，到头来只会损害自身的利益。

（2）强化认知。很多活动的目的看上去很简单，有的是为了卖货，有的是为了宣传，但实际上，如果你的资源匹配不到位，或是团队执行力较弱，基本上就注定了失败的结局，所以这一定要从认知上来规避这些问题。

曾经有一个在高档小区卖水果的连锁店，打算做促销活动，把周边小区的宝妈们都吸引为自己的优质会员。这个目的很明确，但问题在于，宝妈们买水果基本上优先考虑孩子，而且喜欢买有机水果，而这家水果店的水果很多并非有机的，买有机水果的宝妈们基本上都在网上购买。这种认知上的错误，也就导致了促销活动的失败，原先的效果预测更是无从谈起。由此可见，在前期制定活动目标时，一定要提高自己的认知，从高度上和细节处下手，在确立活动大纲之前，就想清楚活动的意义和目的。

同时，活动目的的制定要多方面考虑，既要符合活动的受众需求，更要从我们的实际情况出发，不可能用1万元钱的预算，来实现1000万元的效果。

2. 活动效果预测

我们在做效果预测时，一般通过以下几种方法。

（1）经验推演法。经验法是根据过去所做的类似活动，看看过去的投入和产出取得了多大影响力，然后做一下推演，这也是比较常规的效果预测方法。

（2）参考法。参考法一般是通过同类别或是同行的案例来推断。比如说做一场促销活动，能够实现怎样的销售额度，我们可以参考同行的活动所取得的成绩，来取一个预估值。

如果是线上的活动，那么我们可以参考同行的投入产出比，来做一个参考，然后结合自身的实际情况进行预估。例如，同行用100万元预算做一场活动，和你的预算差不多，但你有一些别的资源优势，那么你就可以适当地把预估效果拉高。

很多人做效果预测的时候，心中并没有底，那就可以参考一下同行或者其他行业的相似案例，看看他们取得了怎样的效果，以此来推断自己的活动效果。

（3）反推法。反推法很好理解，就是先设定一个目标，然后反过来推导。比如说想要实现一场招商活动签单额度达到100万元，然后就在这个100万元的基础上进行反推，看需要邀约多少人到场、需要多少媒介配合、需要多少物料配合、需要怎样的政策力度支持、需要多少预算，等等。

反推法也是很多公司最常用的方法之一，因为有些时候真的不好预测效果，我们就可以先根据以往的经验或同行的一些经验，在此基础上进行反推，看每一步所需要的资源是怎样的，然后结合自身实际情况进行预估。

不管运用哪种方法来制定活动的目的和预测效果，我们都应该在尊重事实的基础上，充分运用数据资源或者文献参考，或者网络上的一些实战案例，然后进行推导，而不是说从一开始就"画饼"，否则饼画得越大就越难消化。

3.2 活动主题如何拟定

每当我们接到一个活动项目，确定好活动目的之后，最先想到的当然是确定一个好的主题。毕竟一个好的主题事关整场活动的基调,如果定得好,会给人留下深刻印象;如果定得不好,就会让人觉得这个活动无趣,甚至日后都想不起来。

很多时候,我们想活动主题都会绞尽脑汁,经常是一帮人进行头脑风暴,把能想到的主题全部罗列出来,然后一个一个抠字眼,看看哪一个比较好。要想确定一个好的活动主题,平时就要多积累相关知识,要多看、多写、多总结、多联想。

(1)多看。多看就是多找同行或者其他行业的案例,看看他们在做活动的时候是怎么选择主题的。比如说你想做一场高规格的会议,你就可以朝着这个方向去搜索,看看别的高规格的会议用的什么主题。如果你策划的是一场网络活动,那么你可以找一些与网络相关的案例去参考。

就连平时逛街的时候,看到别人在做活动,我们都可以留意一下别人的主题。哪怕我们在网上进行购物,也可以看看别人的"618"活动、"双 11"活动、店庆分别使用了怎样的活动主题。

(2)多写。在确定活动主题时,除了参考和借鉴别人的,我们也可以多动动笔,多写一些不同风格的活动主题,如大气的、活泼的、新潮的、有趣的、严肃的,写得多了,会更容易有感觉。

(3)总结。我们在学习时,学完一部分内容就会做些总结,等学完一门课,就能系统地梳理各章节知识点,从而快速地提炼出要点。做策划也一样,平常要多进行总结,以便查漏补缺,或者提取经验。我有一个同事,他有一个专门记录各种活动的文档,单单主题的分类就有好几百条,各种各样的主题,归类得清清楚楚,如政府会议、互联网企业、关于促销活动的,还有关于线上网络活动的,这些都是他平时在做活动的时候总结和搜集出来的,他每次都能快速地确定活动主题,就得益于他平常的总结。作为策划人员,不光要善于思考,也要善于总结。

(4)联想。联想其实就是举一反三。当你看到一个好的活动主题的时候,就可以把它改一改,为"我"所用。比如说浙江卫视有一个非常有名的综艺,叫《奔跑吧兄弟》。后来有一个品牌做青少年运动系列,就策划了一场活动,叫《奔跑吧少年》。其实这就是一场联想,既把品牌做运动品的特点表达了出来,也用"少年"这个词精准辐射到了这场活动的受众。以此类推,我们便可以根据当下比较流行的综艺节目、电影、电视剧,或者是一些热搜的话题等确定自己的活动主题。

上面说的只是一些确定主题方向的方式,但是确定具体的活动名称又是一个技术活,可以采用以下几种方式。

1. 热点借势法

热点借势在前文已经有提及,就是跟随当下的热点,不管是综艺还是影视剧,抑或是热点事件,把热点中的词运用到我们的主题当中,既通俗易懂,又能引领时尚。举例如下:

《奔跑吧少年》(借势综艺节目);

《重生2023》(借势热门电视剧);

《乘风破浪的我们》(借势综艺节目);

《全民奥运狂欢节》(借势热门活动);

《激情世界杯,好礼天天送》(借势热门体育)。

2. 愿景趋势提炼法

愿景趋势提炼法主要是根据当下的情况,结合未来的发展来提取一些主题。这类主题一般用于比较庄重的场合,如年度活动或是品牌发布会等,是比较大气的类型,会给人活动格调很高的感觉。举例如下:

《穿越新周期》(直播电商兴起后,传统电商受到的冲击很大,为了让大家转型,就有了这个主题);

《信心奔流、万物潮涌》(为了给大家信心,展望未来,故取此名);

《进阶，2023》（为了告诉大家新一年的新玩法）；

《见，所未见》（京东方品牌的发布会，与产品相结合）。

下面我们也总结了一些与目的或者愿景相关的可用于标题的关键词，例如：融合、协作、未来、向心、引领、洞察、聚势、创新、重塑、赋能、遇见、决胜、共赢、奋勇、合作、无界、奇迹、超越、破局、梦想、筑梦、乘势、领航、出征、破晓……

3. 谐音法

谐音法也是一种常用的比较取巧的取名字的方法，更容易让人记忆。这种方法适合于一些促销活动，或是气氛较为活泼的活动。举例如下：

《2023，扬眉"兔"气》（年度会议主题）；

《"粽"秋有礼，买一送一》（粽子促销主题）；

《让美好发"声"》（音箱品牌发布会主题）；

《战"痘"到底》（某品牌去痘新品发布会）。

4. 痛点提炼法

针对痛点进行主题提炼，也是一种不错的方法，这会给人直击痛点的感觉，容易让人聚焦主题，给人留下深刻印象。举例如下：

《反内卷》（针对内卷的行业性主题大会）；

《有效增长》（针对无效增长的主题活动）；

《见证柔的力量》（老罗衬衫发布会，针对衬衫不透气、洗后变硬、掉色等痛点）；

《告别多糖时代》（某奶茶饮品针对多糖饮料的痛点而举办的活动）。

5. 时间节点法

时间节点法是最为普遍的提炼活动主题名称的方式。一年当中有很多个节日、节气或者特殊时间点，我们可以根据这些时间来确定我们的活动名称，如《三八女神节》《冰雪狂欢节》《夏日清凉季》《玩爆双十一》等。

在明确了取名称的方式之后，接下来我们就简单介绍下用词的技巧。

（1）简单粗暴型。用简单的文字直接明确会议的目标，给人以力量感。一般为五个字左右，多则八个字，举例如下：

《逆势增长、向新2023》；
《承势领上、未来之光》；
《来吧，真降价！》。

（2）幽默型。用幽默的口吻来确定活动主题，会给人一种俏皮感和生动感，能吸引大家的眼球。举例如下：

《想不一样，就不一样》（某家居品牌发布会主题）；
《真！不一样！》（某主打功效品牌的发布会）；
《来，我免单！》（某品牌促销活动主题）。

（3）格调型。格调型一般带有很浓烈的文艺范，一旦用对了，就可以把到场的人吸引住，让人感受这个活动的格调。举例如下：

《时光的上游》（某地产品牌发布会主题）；
《新，不止所见》（某饮料品牌新品发布会）；
《新，净化论》（某护肤品牌洁面新品发布会）；
《重塑边界》（某家居品牌发布会主题）。

总之，活动主题一定要精妙、精练、易于传播，容易令人产生联想。若是一个名字非常拗口的主题，或者是大家不知所以然的主题，那么将是一个失败的主题，活动的效果也会大打折扣。

3.3 活动方案如何撰写

关于活动策划方案的撰写，在前文也提到过，这里我们就来完整地拆解一下活动策划方案应该怎么写。

活动策划方案的撰写并不难，在熟悉了基本的模板后，往里面填内容即可。当然，一个好的活动策划案比的并不是页数和字数，而是比创意和亮点，以及活动的传播方式。也就是说，模板只是工具，更有价值的是你的创意和思维。一般活动策划方案主要分为以下几个板块。

1. 概述板块

这个板块主要是介绍活动的背景及目的，通过概述这一板块，我们就可以比较全面地了解一场活动是干什么的、它的受众是哪些人、要达到怎样的效果等。概述板块具体包括以下内容。

（1）活动概况——综述性的内容，介绍这是一场怎样的活动。这相当于活动定位的介绍，让人一目了然这场活动的情况。

（2）活动主题——活动的标题，传递会议精神或是展现想要实现的目标或愿景。活动主题提炼得好，能够展现活动的调性，精准吸引对应层次的人群参与。

（3）活动目的——活动策划中的指导性内容，只有以明确、清晰的"目的"为导向，活动开展得才更顺畅，因为活动的所有环节和相关内容都是围绕这个"目的"的实现而打造的。重要的是，活动的结果取决于"目的"的定位，定位越高，需要匹配的资源也就更多，反之亦然。

（4）活动对象——针对哪些群体而发起，只有精准地定位活动想要覆盖的群体，这场活动才有意义。

（5）活动时间——一般是指活动执行当天的时间。从总体来看，具体包括前期的预热宣传期、执行期、后期的报道宣传期。

（6）活动场地——主要是指活动在哪里开展，是线上还是线下活动，在酒店举办还是在体育馆举办，是抖音活动还是社群活动，等等。

（7）效果预估——主要介绍活动所能实现的效果，一般包括参会人数预估、签单销售预估、阅读观看量预估和传播影响力预估等。

2. 内容规划

这个板块主要详细介绍与活动具体环节有关的内容，通过这个板块就可以了解这场活动由哪些内容组成，有哪些引人入胜的亮点，又将会通过哪些环节去呈现。概括地来说，活动内容主要包括以下几点。

（1）活动创意——一般包括两个方面，一方面是布置创意，通常是指会场的搭建、舞美、产品陈列区的造型、AR技术的运用等，主要是为了让与会嘉宾在活动开始之前感觉到视觉上的冲击；另一方面主要是内容环节上的创意，如嘉宾出场的形式、产品秀的形式、游戏互动形式、视频呈现形式等，主要是给与会嘉宾带来活动过程中的亮点。

（2）互动创意——隶属活动创意。之所以要单独说，是因为它在活动中很重要。通常是在活动中设计一些道具，嘉宾靠近或是扫码即可参与互动。例如，有的活动在现场摆放一个大型二维码，只要扫码，即可通过手机看到动画人物跳舞。

（3）活动亮点——与活动创意类似，只不过亮点是具体的某个点，创意更多的是层面上的东西，平时大家也可以将二者看作是一个内容。

（4）活动流程——活动执行的每一个环节。

（5）与会嘉宾——主要包括邀约的人员、领导、相关机构和技术人员等。

（6）媒体邀约——邀请媒体朋友进行现场报道或直播，一般需要给予车马费。

（7）节目表演——好的节目表演，一定是与本场活动有关联的。比如，中国风的活动中的节目最好含有中国元素；在历史名城做活动，可以表演当地的特色节目。

3. 布置板块

不管是线上活动还是线下活动，整体的布置和装修设计都非常重要，因为整体氛围会带给与会嘉宾很直观的体验。如果是线下活动，会场布置得好，大家会对你的会议规格有一个直观的认知。如果是线上活动，你的装修设计及内容若比较丰富，就可以直接激发人们的参与及购买欲望。

一般而言，布置板块主要包括摆放布局、布置创意、核心视觉呈现。而布置所需要的物料主要包括海报、展架、易拉宝、条幅、地贴、吊旗、地铺、刀旗、道旗、邀请函、接站牌、分组KT板、爆炸贴、喷绘、桁架、木质背景板、异形物料、签到礼品、奖品、会场资料、展示产品等。

4. 宣传板块

对于策划的活动，怎样传播才能更广泛地为人所知晓，从而形成更大的影响力，是活动策划人员需要考虑的重点之一。一般情况下，传播方式有很多种，如图片、易企秀、短视频、图文直播、视频直播、后期的新闻报道等。

（1）活动前邀约——一般通过制作相关图片、视频、易企秀等，在朋友圈、社群及抖音等平台发布，起到宣传预热的作用。

（2）活动进行中——可以通过图文或视频直播的形式进行，参加活动的人可以在直播中截图并发布朋友圈，即使是没到现场的人，也可以通过分享图片、视频或链接知晓活动，并了解活动。

（3）活动后续——后续的宣传一般会借用各种媒介，比如，剪辑活动中的花絮，在抖音、视频号等平台发布，并撰写一些有价值或视角独特的新闻稿在各大平台发布，标题也应取得很有新意，以吸引大众的眼球。

5. 活动流程

活动流程是将活动规划的所有板块串联起来，具体细化到每个环节该干什么，该有哪些东西配合，这些都是会议当天需要呈现的。

6. 活动进度

一场活动只有做好时间安排，才能有序地进行。活动进度这一板块主要是通过活动时间进度表，把整个活动的所有内容都进行细化，并规定好时间，这样整个活动进展到了哪一步就会一目了然。

7. 人员分工

一场活动只有做好人员分工，才能有条不紊地进行调度和执行。活动所涉及的人员主要包括内部人员和外聘人员。

（1）内部人员分工——总指挥/策划、总协调、总执行、礼仪接待组、布展组、陈列组、灯光组、音响组、物料组、道具组、签单组、氛围组、财务组、摄影摄像组、车辆调度组等。

（2）外聘人员分工——相关单位领导、专家、主持人、艺人、公益组织、媒体、节目表演团队。

8. 活动预算

在写活动策划方案时，需要做好活动的预算，以保证活动的可执行性。这个板块主要包括各个环节的物料清单费用、人员费用、节目费用、奖品费用等，当然也包括整个现场的灯光、音响、场地、食宿、餐饮等方面的费用，有的甚至还包含旅游费用等。活动预算越细化越有利于把控，不容易超支。

9. 应急预案

在生活中，我们经常会面临各种不确定的情况，因此，我们应该做两手准备，既要有计划 A，也要有计划 B。做活动策划也一样，即便做好了策划方案，也要准备一个应急预案，以防原方案出现问题。然而应急预案经常被忽略，但它却是非常重要的。万一出现特殊情况，若有应急预案，就可以做到游刃有余。一般来说，主要的应急预案包括应急预案之天气、应急预案之秩序、应急预案之突发情况。

10. 活动复盘

活动复盘是指在活动结束之后进行总结归纳，虽然不在执行方案中，但是可以为下次活动的"避坑"总结经验。

常规的活动策划方案主要包括以上 10 大板块，但在具体撰写时也会有所区别。例如，线下活动所需要的物料会很多，而如果是纯粹的线上活动，那么它需要的物料可能主要是产品和奖品，以及一些相关的设计和推广素材。

其实，线上活动和线下活动的共同点有很多。比如说活动前邀约，是线上活动和线下活动都必须有的环节，宣传造势也是两种活动必备的。所以不管是线上活动还是线下活动，都可以根据自己的需要，实时删减或者增加模块。

3.4 怎样挖掘好的创意和亮点

一场活动中最重要的是创意与亮点，它事关一个活动的存亡。在互联网时代，线上活动和线下活动基本是融合在一起的。一个线上的活动在线下也会落地，一个线下的活动也会通过线上进行传播，边界变得很模糊。而且每天都有数以万计的活动在开展，怎样才能让我们的活动被别人记住，这完全靠活动的创意与亮点。一个没有创意和亮点的活动是没有灵魂的，只是一个干瘪的、流水式的活动。

下面我们就来介绍一下一个成熟的活动策划人是怎样挖掘活动亮点的。一般来说有"三感"，就是尊贵感、价值感、参与感。

（1）尊贵感。尊贵感是指一定要让参加活动的人感受到这个活动的高格调，有一种尊贵的感觉。举个简单的例子，很多人都想参加国际品牌的发布会，但品牌方并不会邀请普通人，凡是被邀请的一定会觉得倍有面子。

（2）价值感。价值感就是通过现场的内容或物料，让参与者认为来到这个活动现场是值得的，要么学习到了干货，要么得到了好处，总之，不虚此行。

（3）参与感。参与感则是指吸引大家参与进来，获得良好的体验感。小到沙龙会、促销活动，大到发布会、品牌盛典，若能激发大家的兴趣，让大家参与进来，就会提高现场的氛围。

除了"三感"，如果再加一个，就是趣味感，有意思的活动一定也是容易传播的，趣味必不可少。

现在我们假定将要策划一场关于原生态品牌的发布会，从内容、互动、物料、传播等方面来体现"三感"及活动亮点。

1. 内容板块

从内容上挖掘亮点，紧扣发布会活动的主题和会议的主旨。比如，这场活动的理念是自然风或原生态，那么我们在活动策划前期，就需要深挖与原生态相关的元素，在内容上用原生态的表达来彰显活动的高规格。

（1）彰显尊贵——现场应布置大气，颇具格调，设计红毯秀，提供胸花签到，并设计签名墙以彰显尊贵感。

（2）彰显规格——邀请国家环保单位相关人员参会致辞，或环保相关组织到场参与活动，彰显出活动的规格。

（3）战略发布——发布相关行业发展前景及相关数据，让人感觉不虚此行，有价值感。

（4）高端发布——联合环保机构，共同发布中国原生态保护方面的白皮书，或是发布相关原生态指数，彰显出活动的高端。

（5）节目表演——进行与原生态相关的节目表演，引人入胜。

（6）特邀嘉宾——邀请与原生态相关的人物或艺人参与，给品牌增加亮点。

（7）时尚艺术——会场内开辟专门区域，与产品相结合，打造原生态艺术展，强化与会者的记忆和联想。

（8）产品走秀——将模特妆容打造成植物造型或是加入原生态元素，手持产品，进行走秀，从而将产品展现给大家。

2. 互动板块

（1）开场互动——用于开场时醒神，可以准备礼品，或是设计一些可以共同参与的节目，如拍手舞等，把氛围和大家的精神气给调动起来。有的活动会运用大屏与参会者互动，让大家现场留言，把想说的内容通过扫码投屏显示在大屏幕上。

（2）高端访问——与自然保护或公益相结合，在现场来一场公益科普，可以让参会人员上台互动。

（3）互动游戏——关于原生态的小游戏，让大家参与并赠送奖品。

（4）互动答题——关于原生态的小问题，让大家参与并赠送奖品。

（5）互动抽奖——不管是什么活动，抽奖是最能吸引人的，可以用传统的抽奖方式，也可以用软件随机抽奖或3D大屏幕互动抽奖，多样形式可供选择。

（6）主持人——主持人也可以是一个亮点，一个好的主持人既可以讲好内容，又可以吸引大家的注意力，能为活动加分不少。即使不是知名的主持人，只要他能调动气氛，能让会场氛围更加活跃，那就是一个亮点。

3. 物料板块

（1）主背景——用原生态的元素设计画面，与发布会活动的主题相贴合。

（2）胸牌——用原生态的风格设计胸牌，与发布会活动的主题相映衬。

（3）布场物料——所有的会议物料、产品物料、互动物料都围绕原生态，同时尽量吸引眼球。比如，做成异形物料，或是大的模型，抑或是做一个互动拍照区，吸引大家驻足拍照，以利于传播。很多活动能给人留下最直观印象的多是通过布展实现的，这也是为什么在很多展会上，品牌方会争先用特装展位来吸引观众的原因。毕竟在大家不是很了解当前品牌的时候，一看到这个展位特别，就会多关注一下。

（4）玩偶——近几年很多活动都会启用玩偶，多为与品牌相贴合的玩偶公仔，并发送给现场人员。除此之外，有些活动还会做一个大的玩偶服装，由工作人员穿着在现场到处走动。就如前文提到的蜜雪冰城的雪王，因为体型大，在人群中很突出，大家很喜欢与这类玩偶合影拍照，也容易对其留下印象。

（5）迎宾礼——迎宾礼也是很有仪式感的。比如，参会人员到了，可以送一枝玫瑰，或是一个有当地特色的小礼品，如在四川举办活动可以送川剧脸谱造型，在北京举办活动可以送兔儿爷等，以增强活动的仪式感。如果天气冷了，嘉宾签到之后还可以由专人送上一杯热饮等。整齐的热饮杯子提前摆放，非常利于拍照和宣传。

（6）奖品——奖品往往最吸引人，设置奖品将有助于将活动推向高潮。因此，奖品也是活动成功比较重要的影响因素。如果奖品价值不高，就以量取胜，让人人都可以领到奖品，如现场抢红包等，虽然金额不多，但很容易调动现场气氛。

（7）LED屏、舞美——高规格的LED造型及舞美，对于活动氛围的营造至关重要，可以通过Logo灯片（灯片的一种，上面刻有品牌的Logo或是相关文字，通过投影设备投到会场的墙上，比较上档次），或是通过灯光的组合营造高质量的氛围，如图3.1所示。

其他创意型签到方式，小到一个手腕带，大到一个巨型堆头，只要能给人以尊贵感，或是能激发参与者的合影欲望，在活动现场都可以设置。

图 3.1　某品牌发布会上的 Logo 灯片（左上角英文）及简约 LED 大屏

4. 传播板块

在一些小型的活动或是网络活动中，不可能有气势恢宏的物料，也不会有名人嘉宾，甚至连内容也不见得有趣。这种情况下，我们想要挖掘活动的亮点，就可以通过一些创意的小礼品和具有娱乐性、趣味性、互动性的环节作为活动的亮点，来吸引大家的关注，并将活动传播出去。举例如下。

（1）打卡签到。打卡签卡一般用于持续性的活动或促销，利于活动的传播，让更多人关注。例如，某蛋糕店为了吸引大家常进店，设置打卡签到三天，即可享受一次限定额度的免单。

（2）测试。在活动期间，可以设置一些测试，吸引大家的兴趣，同时将活动分享出去，让更多人看到。

- 答题：回答对题目可获得相应的奖励。
- 竞猜：猜对有奖，比拼速度与正确率。
- 排名赛：如朋友圈、抖音点赞排名。
- 红包：一般用于活跃私域或线下活动的气氛。

- 抽奖：简单实用，吸引人气。
- 征集：一般用于问卷调查，征集活动相关信息，意见被采纳者有奖。
- 大比拼：娱乐活动，可以是跳绳、转圈等小游戏。
- 投票：一般用于公众号等。
- 转发送好礼：转发朋友圈即送好礼。

上面这些环节都只适合在小型的活动中使用，既节约成本，也便于执行，还能起到较好的传播效果。

3.5 如何将名人效应最大化

很多稍上档次的活动，都会借助艺人的力量去驱动品牌。一般来说，常见的与艺人合作的方式有请其作为代言人（或是作为首席推荐官）、与艺人联合出品联名款产品、由艺人入股为品牌引流，等等。

一般情况下，如果需要请艺人参加活动，就要把整个活动中希望他们参与的环节都罗列出来，交由他们审核。在确定了要请的艺人名单后，可将活动策划方案发给对方，对方的经纪公司一般都会对内容进行调整或是删减。

假设一场活动中，艺人对于所有的环节都愿意配合，那么我们应该怎样利用艺人这一资源呢？接下来我们将详细讲解。

3.5.1 前期邀约

在前期邀约的时候，我们可以将艺人作为这场活动的一大亮点，比如，将某某亲临现场之类的宣传文案，通过新闻、海报、抖音、快手等平台发布出去，最大化利用艺人的影响力来为这场活动造势宣传。

我们曾经策划过一场活动，请到了林志颖，我们就把林志颖的影响力发挥到了极致。不仅所有的线下物料上用了他的形象，连易企秀、朋友圈的图片、视频等都用到了；不仅在各个平台都做了分发，而且在行业的几大媒体上也全部做了宣传，同时还让林志颖录制了关于这场活动的专属视频。

在网上发布视频以后，有不少林志颖的"粉丝"或者是原本不打算来现场的参会人，在看到林志颖的邀约视频后也很心动，有些人就是冲着见艺人偶像一面而跑过来参加这场活动的。由此可见，利用艺人充分进行宣传，对我们前期的邀约是很有帮助的。

3.5.2 活动现场

在艺人到了活动现场之后，也有很多事情是活动策划人需要做的。下面分享一些活动现场方面的相关经验。

1. 会前合影

一般艺人出席一场活动会提早到，有的会提前一天住下，如果时间充裕，可以安排重点客户与艺人进行合影，毕竟很多人对于与艺人合影还是非常乐意的。这时候我们就可以安排一个专属的房间或是会议室，搭建带有品牌名或者活动 Logo 的背景墙，安排大家在此处与艺人合影。这样很多人在宣传的时候，就可以顺带把品牌一同曝光。

2. 才艺表演

我们可以根据艺人的特点量身打造一些互动节目，如果他们能唱歌，就让他们唱歌；若他们擅长跳舞，就让他们跳舞；若他们擅长书画类，就可以让他们现场写一幅字或者画一幅画。如果实在什么都不会，那就做一些互动，回答一些问题，聊聊天，说说近况，或者谈谈产品的使用情况。总的来说，要最大化挖掘艺人的价值，让他们在现场多留下些可用于宣传的素材。

3. 签约仪式

有些品牌方在请艺人的时候，就已经签完了合同，只不过签合同的时候一般没几个人在场。在活动现场借着此次活动人数较多的时候，可以把艺人请到台上再进行一场"签约"。这次"签约"并没有实际意义，只不过是为了让大家现场见证一下，以此彰显品牌的实力。

4. 签名相关

一般可以提前要求艺人准备多张签名照，然后在现场送出。既可以用于现场的互动提问环节，作为奖励送给答题者；也可以以抽奖的方式送给幸运者。

当然，有一些品牌方会让艺人在现场的产品上签字，然后送给一些活动参与者，这也是一种较好地互动方式。

5. 礼品互赠

礼品互赠也是艺人互动中常用的一种方式，一般是由品牌方的代表或者是活动方的代表，向艺人赠送一件具有纪念价值的礼物，艺人也会回赠一个带有自己签名的礼物。当然，有些品牌方会直接把自己公司的产品送给艺人，因为产品的包装或者手提纸袋上有Logo，这样很多人在拍照的时候就会把这些品牌的元素给拍进去，这种互动也能对产品起到一定的宣传作用。

6. 艺人颁奖

很多活动会有颁奖环节，以往的颁奖方式通常是由品牌方的领导或者主办方的领导为获奖者颁奖。但是也可以请艺人来参与活动颁奖，不但能扩大品牌的知名度，而且会给人留下深刻的印象。现在很多活动的奖项会交由艺人颁发，而且颁完奖之后获奖者还可以与艺人合影，不但起到了很好的宣传效果，而且扩大了品牌的影响力。

7. 启动仪式

有些活动现场会安排与启动仪式相关的环节，比如说品牌发布会的启动仪式、品牌周年庆的生日仪式。这时候就可以邀请艺人到现场并参与其中，如一同开启启动仪式或是一起切蛋糕，这些都是有话题的素材。

8. 艺人互动

既然艺人到场，那免不了要和台下的观众有所互动，因此可以安排专门的艺人互动环节，可由主持人提问，也可由台下的观众提问，艺人根据自己的情况自由发挥。这样在互动的时候就会显得活泼有趣，而且有些艺人非常有亲和力、幽默风趣，也会为活动增色不少。

9. 义卖活动

有一些活动现场会开展艺人义卖活动，义卖所得会被捐给一些慈善机构，这也是比较常见的一种艺人互动方式。通常情况下，艺人会将自己的作品或者是某件收藏品拿出来，或者是现场写一幅字或者是作一幅画，在签名后进行现场义卖。这种活动可以为品牌增加一定的美誉度。

10. 直播活动

现在很多活动都会进行现场直播，那么可以邀请艺人一起走进直播间进行互动，聊一聊活动相关内容，或者聊一聊艺人自己近期的情况。这也是扩大活动和品牌影响力的一种方式。

11. 大合影

这个环节与活动开始前的合影有所不一样。活动开始前的艺人合影一般是定向邀请重要嘉宾与艺人进行合影，但是现场的这种大合影基本上是全体参与。一般情况下是艺人在舞台中间，嘉宾在其身后。如果活动人数不多，就可以在户外进行大合影，但这种情况相对较少，基本上是在室内，通过摇臂或者是无人机拍一个大全景。在后期宣传时，可以将大合影作为宣传元素之一。

12. 媒体采访

对于比较大型的活动，一般活动主办方会邀请一些媒体进行采访。采访的对象不仅有品牌方的领导，也会有艺人，这些都是活动结束后非常有利于传播的素材。

总的来说，艺人因其特殊的价值，是比较难得的资源。而且他们本身就带有话题性与传播性，所以我们一定要很好地加以利用，深度挖掘艺人的价值，将活动的影响做到极致。

3.6 如何增强活动的仪式感

活动的仪式感就是满足别人的期待，给予别人尊贵的体验，就如同大家所说的"生活需要仪式感"一样。因为在日常生活当中，我们会被很多琐事所包围，也会被很多情绪所掌控，有仪式感的生活可以让我们对生活更有期待，也会更有幸福感。做活动策划也是一样，我们需要为活动增加一些仪式感，让嘉宾和其他参会人员感受到自己被尊重、被礼遇，从而增强对方对主办方的好感。

那么怎样增强活动的仪式感呢？常见的方式如下。

1. 发邀请函

邀请函是最常见的邀约物料之一，过往大家都是用纸质的，现在基本上都用电子版的邀请函，如易企秀等。但无论用哪一种方式，一个好的邀请函都是可以提升人们对于活动的期望的。比如说将个人的微信昵称直接生成于电子邀请函里，再如在邀请函首页设置为"尊敬的××阁下"，会给人一种是为自己专属打造的邀请函的感觉。

近些年，很多人开始返璞归真，电子邀请函也有回归纸质邀请函的趋势。在电子邀请函泛滥的今天，有些活动专门做的是纸质邀请函，非常精美。不管是设计还是印刷工艺，都非常考究，有的会做成镂空的工艺，有的还会做成3D工艺，确实仪式感满满。就像近几年比较流行的一些大学的录取通知书，如清华大学把录取通知书，做成了立体版的，打开的瞬间，清华园的元素就会以立体状展现出来。而且，一些品牌创始人还会手写一封信，配上邀请函一起寄给客户。当然，不是手写多份，而是只写一份,其他的印刷出来。也会有创始人在每一封信的底部亲自签名,这样也可以增强活动的仪式感。

要知道,在网络信息泛滥的今天,如果有人给你手写一封纸质的信,你一定会有不一样的感受。

2. 红毯秀

红毯秀是常见的比较有仪式感的环节,很多参会人员,穿着时尚地走过红毯,会有一种尊贵感。如果红毯两边再配上装饰性的罗马柱和鲜花,更能给人一种被尊重的感觉。大到电影节,小到店铺开业等,均可设置红毯秀环节,这也是成本比较低又能增加仪式感的方式。

3. 签到

活动签到与在普通的签名簿上签名不同,稍有规格的签到,基本上会在一块大的背景板前进行。由礼仪人员进行指导,然后在背景板前签名,有的还会配备摄影摄像,把全程拍摄下来,并且会有后期将其剪辑成短视频,然后通过各大平台发布出去。

在一些网络活动当中,会有电子签到的环节。人们只要在此打卡,就可以生成一张带有自己头像的图片,就像是私人定制的一样,这样也可以给人一种尊贵感。

此外,签到时的一些小物料也是可以打动人的,如提供胸花、手腕鲜花,再配上精美的签到礼品等。比如,我们曾经策划过一场活动,大家在签到时,由礼仪小姐向每一位来宾赠送一枝玫瑰花,以彰显尊贵感。

4. 礼仪

在活动策划领域,有一句话叫"有礼仪的活动才算是有规格的活动",所以我们经常能看到一些不错的活动,会配备礼仪小姐,给人一种庄重、时尚的感觉。当然,也有一些活动方专门请模特来站台,也会给人一种仪式感。

5. 荣誉墙或嘉宾墙

不管是线上活动还是线下活动,为了体现来宾的尊贵,很多活动会设置荣誉墙或者是嘉宾墙，把重要嘉宾的头像和事迹制作成背景板在现场摆放。还有一些活动会把所有参会人员的照片、姓名、职位等相关信息制作成巨幅的嘉宾墙（见图3.2），有的长达几十米。这样每个嘉宾到场之后，都会找一下自己的信息在哪个地方，有些还会与自己的头像合影，这样仪式感就拉得很满。即使是线上活动，也可以设置类似的嘉宾墙，即用一个详情页把这些内容设计上去。

图 3.2 介绍会议嘉宾的专属墙

6. 会议专属视频

在一些高规格的活动当中，主办方会提前把重要嘉宾的信息制作成视频，然后在现场进行播放。如果人数不是很多，也可以让每一个嘉宾都录制视频，然后在现场播放。嘉宾看到带有自己内容的视频在现场播放，心里的尊贵感便会油然而生。

7. 专属酒会

一些规模不是很大的活动或是小型沙龙，可能会以小型酒会形式进行。酒会会提供酒水、茶点，供大家进行品鉴，这也是提供近距离沟通交流的机会。这种酒会既比较有格调，也能让人体验到尊贵感和仪式感。

8. 实时打印

实时打印也是一些活动中会用到的。比如，嘉宾到了现场会拍一些照片，活动方就可以把比较好的照片通过现场的微信打印机打印出来，这也是一种比较好的活动环节。有条件的活动方或是品牌方可以购买或是租用一台这种微信打印机，增加嘉宾的参与感和仪式感。

9. 颁奖表彰

很多活动会设置表彰颁奖环节，这也是活动中很具荣誉感和仪式感的环节。比如，现在很多培训会都会颁发毕业证书，而且毕业证书做得非常精美，有的还会要求被培训者穿学士服，类似大学毕业一般，仪式感满满。而且现在很多沙龙会，甚至是大型会议，也会安排各种颁奖表彰环节，让参会的人体会到荣誉感。

10. 其他

除了以上几种方式能够增强活动的仪式感，有些细节之处也会很动人。比如说某个品牌方在所有与会嘉宾所入住的酒店房间里，放了一封老板亲手写的感谢信和一束鲜花。有的品牌方还会在房间里放精致的伴手礼和水果之类的，这些也是可以为活动加分的。

曾经在青海举行的一场活动令我印象深刻。青海属于藏区，当时我们的策划是，凡是嘉宾入场，都由礼仪小姐敬献哈达，这也是对来宾的极大尊重。当现场上千人都戴着圣洁的哈达参会时，那种体验感和尊贵感是非常强烈的，基本上每个人都说感觉很好。

还有一次我们在西双版纳做了一场活动，当地主要以傣族为主，所以在入场环节，我们请来了一支傣族的表演团队。他们在进场的大门外载歌载舞，用当地特色的歌舞来欢迎每一位来宾。大家都十分喜欢，并且均与表演团队合影留念。

其实，营造仪式感并不需要花很多的钱，很多都是从细节着手，把细节做到极致即可。一场活动只要有几个有亮点的小细节，就会给人留下非常美好的回忆和体验。由此可见，不管是线上活动还是线下活动，要营造尊贵的体验，并不一定要靠宏大的舞台、灯光、物料等，以细节打动人也不失为一种很好的营造仪式感的方式。

3.7 启动仪式怎么操作

启动仪式是各种活动中常见的一个环节，而且是一个比较重要的环节。一个有创意的启动仪式，是能够为活动增色加分的。

如何做启动仪式、怎样让启动仪式有新意，也是非常考验人的。如果从成本等因素考虑，启动仪式有的很简约，有的则是和高科技融合在一起。那本节我们就来介绍一下关于启动仪式常用的一些玩法。

（1）剪彩启动——剪彩仪式是比较传统的一种方式，成本相对比较低。

（2）启动仪式球——现场的重要嘉宾上台触摸球体，球体中会显示与主题相关的内容。

（3）金沙启动——将金色的沙子淋到提前准备好的白板上，金沙就会黏在提前刻好的文字之上，金光灿灿，非常大气。当然，沙子也可以选择其他颜色，如图 3.3 所示。

图 3.3　金沙启动仪式

（4）干冰启动——现场嘉宾将水注入提前准备好的干冰升降台，干冰一遇水便会出现大量水雾，同时启动台会呈现活动主题，很有仪式感，如图 3.4 所示。

图 3.4　干冰启动仪式

（5）触摸 LED 屏启动——嘉宾上台后将手放在 LED 屏上的手掌印中，后台工作人员点击视频播放，LED 屏上的手掌印便会汇成一道光线，随即主题在 LED 屏中显示出来，给人一种震撼感，如图 3.5 所示。

图 3.5　LED 屏手掌启动仪式

（6）破冰仪式——嘉宾手持锤子，将由冰块雕成的数字或主题砸碎。

（7）注酒启动——嘉宾手持装满红酒或其他颜色液体的瓶子，向提前制作好的活动主题模型中注入红酒或其他颜色的液体，注满后，活动主题即可呈现。

（8）推杆启动——这是比较常见的一种启动仪式，由几位嘉宾共同向前推动推杆，会议主题元素便随即显现。

（9）香槟塔启动——嘉宾每人手持一瓶香槟，从顶端向下倒酒，注入由多支酒杯垒成的香槟塔中，直至将所有的酒杯装满。

（10）七彩烟花启动——一般适用于户外活动，七彩的烟花直冲云霄，像七彩飞瀑，给人带来极强的视觉冲击，但成本也相对较高，如图3.6所示。

图 3.6　七彩烟花启动

（11）放飞启动——提前将气球或鸽子装入启动箱内，由嘉宾共同拉开箱门后，气球或鸽子飞出。

（12）敲钟启动——在一些较为正式的活动中，如企业上市、公司开业、新年开工，敲钟仪式非常适合。

（13）发光灯柱启动——现场多位嘉宾站在发光灯柱前，将手掌放于灯柱上，后台工作人员启动后，灯柱呈现五彩缤纷的颜色，很有仪式感，如图 3.7 所示。

图 3.7　灯柱启动仪式

（14）火焰启动——由嘉宾手持火炬，共同将火炬点燃。部分活动出于安全考虑，会用假火或是红色纸当作火源。

（15）摇一摇启动——通过扫描屏幕或物料上二维码，参与者的头像飞入大屏中，最终呈现会议主题。这种启动仪式的好处在于全场几百人都可以参与其中，而不是只有几位嘉宾参与，如图 3.8 所示。

图 3.8　摇一摇启动

（16）激光雕刻启动——通过现场的激光灯与LED屏相配合，雕刻出会议的图案或主题，呈现出时尚感、酷炫感和强烈的科技感，如图3.9所示。

图3.9　激光雕刻启动

（17）钥匙启动——与会嘉宾共同将钥匙模型插入提前准备好的立柱中，并旋转钥匙，身后LED屏将呈现出与会议主题相关的内容。

以上是比较常见的启动仪式，除此之外，像揭幕启动、激光笔启动、电影打板启动、帆船启动、无人机启动、盖章启动等也都是不错的选择，能让启动仪式科技感十足。

3.8 ▶ 费用预算如何确定

我们在写活动策划方案时，最后一部分多为预算。很多时候预算事关一场活动的成功，如果预算充足，那么很多创意和想法都可以轻松实现；如果预算不足，便会巧妇难为无米之炊，所以活动策划人一定要懂得做预算。这个预算不单单是把各项花费罗列出来，而是要懂得开源节流,该花的可以花,不该花的一分钱也不要花。因为做一场活动少则几千元,多则几百万元都是常事,预算一定是越精准越好,这样才可以更合理地把控活动细节。

我以前有一个客户,他们公司以前都是自己做活动。有一场活动原本预算是在50万元左右,结果整场活动下来,花了70多万元。这多出来的20多万元,除了一部分是因突发情况临时产生的费用,另一部分是因统计的参加人员不够精确,现场人员严重超出预期可能参加的人员,导致的成本增加。

本节将讲解关于预算方面的内容。

1. 创意设计费

一般来说,如果是给自己公司做活动,基本上创意费用可以省去;如果是给客户做活动,创意和策划的费用是需要计算在内的。同时,会议形象的设计、道具与物料的设计费用也是要计算在内的。如果是给自己公司策划活动,这一部分费用也可以省去了。此外,对于会展类的活动,展位的设计费用也是不菲的。

2. 场地费用

在策划活动时,经常会涉及场地费,比如某个活动需要在一个酒店的会议室举办,那么场地费用就会包括会场的租赁、LED和灯光、音响使用费等。当然,如果你想用更好的灯光、音响,就需要跟第三方合作。如果是户外的活动,也会涉及这方面的费用。需要提醒的是,不管在哪里开会,如果人数超过一定的规模,就需要提前报备,一般是向当地公安报备。而如果是占用户外的场地,有时是需要向城管报备的。

3. 搭建费用

活动往往还会涉及物料搭建,而且搭建费用往往是占大头的,比如说LED的搭建、灯光的搭建、音响的搭建、舞台的布置和搭建,以及会场各种展示物料的搭建。一般来说，这些硬件在一个活动当中的费用占比是不小的，好在这些费用基本上是固定的，价格也相对透明，预算也比较好做。有一些物料的搭建是需要额外收人工费的，这块也要考虑进去。

4. 物料费用

这里的物料，主要是指除搭建物料以外的东西，包括红毯、异形物料、签到礼品、奖品、奖牌等。总之，与活动相关的所有需要购买的东西，都要明确罗列出来。总的来说，这一部分费用也是较为直观的，而且价格一般也比较固定。

5. 嘉宾及主持人费用

嘉宾费用是指活动邀请一些重量级人物所需的支出，他们出席活动是需要给出场费的，比如说一些艺人或者行业的知名人物等。此外，外请的主持人的费用也要核算在内。

6. 节目费用

活动在某个环节中可能会涉及节目表演，节目表演也是需要不少费用的，尤其是一些人数比较多的节目，一般费用会高一些。很多活动在请艺人时，一般不喜欢请组合，因为组合的人数多，不管是食宿还是交通，费用都会稍高。

7. 宣传费用

从活动前期的宣传造势，到中期的执行，再到活动结束，各大媒体的品牌宣传费用都要计算在内。如果我们邀请媒体进行现场报道，那么除了媒体本身合作的宣传费用，对到场的记者一般也会给一些车马费，以慰问记者的劳苦之情。

8. 餐饮、酒水、住宿、交通、旅游等费用

对于人数较多的活动，若安排有晚宴，则更是一笔不小的开支。晚宴除日常的餐费以外，还包括酒水、饮料、香烟等费用。

除此之外，住宿费、交通费都需要计算在内，如果是带有旅游性质的活动，整体的旅游费用也要计算在内。

9. 人员及常规物料费用

人员费用的构成相对比较散，一般包括礼仪、模特、安保、搬运工、志愿者的费用，以及其他工作人员的开支等。有的活动会涉及与一些人打交道，去沟通关系，这种情况下还会涉及一笔"人情"费用。

其实一场活动下来，还涉及很多零碎的费用。比如，请摄影摄像人员，这些工作人员及他们所携带的相机、摄影机、摇臂等产生的费用，也都要计算在内。如果是线上活动，涉及的就会比较少，一般包括活动的设计费用、宣传推广和引流费用，以及奖品费用等。

如果对一场活动所产生的费用进行分类，通常包括创意设计类费用、硬件设备类费用、物料物资类费用、交通食宿类费用、场地租赁类费用、推广宣传类费用、公关媒介类费用、人工类费用。

下面笔者根据自己做活动的经验，罗列了一些常见的费用标准。但因区域不同，价格可能会有所差异，具体还需要咨询当地合作供应商，故仅供大家参考。

红/灰/白地毯：7元/平方米；

喷绘+桁架：35元/平方米；

KT板：15元/平方米；

写真：25元/平方米；

双喷布：30元/平方米；

条幅：7元/米；

X展架（180cm×80cm）：35元一组；

LED屏（P3）：140~250元/平方米；

光束灯：200元/台；

面光灯：80元/台；

追光灯：400元/台；

LED 染色灯：60 元 / 台；

Logo 灯片：300 元 / 台；

千人规模的活动音响：5000 元 / 套；

摇臂：1500 元 / 台；

摄影：1200 元 / 人；

烟雾机：200 元 / 台；

泡泡机：200 元 / 台；

充气拱门：300 元 / 天；

主持人：1000 元起 / 人；

国内模特：500 元 / 天；

国外模特：1500 元 / 小时。

3.9 活动如何高效地执行与落地

一场活动策划好后，让其高效地执行与落地，也是十分关键的。如果无法高效地执行与落地，那么再好的活动策划，也会由九十分变成不及格。

本节将讲述怎样让一个活动更高效地执行与落地。

1. 明确分工，责任到人

每一个活动都是由人参与的，不管是活动的策划者还是执行者，抑或是参与这场活动的来宾或者网友，我们应知道工作人员分别需要干什么，参加活动的人员又想得到什么。只有明确了各人员的分工和需求，才能确保活动不出差错，且能够完美收场。

然后我们以此来明确分工，即什么事情由谁来做，由谁来负责。比如，接待、会场布置、平台搭建、引流、宣传推广、现场转化等都要责任到人，才能更顺畅地把活动做好。除此之外，还要有一个总的协调负责人，因为我们做一场活动会涉及不同部门，需要调动很多人。如果人员都调动不了，工作就会出现推三阻四、执行效率低下的情况。

除了做好内部分工，还要跟场地工作人员或酒店的工作人员、节目表演的负责人与经纪人，以及物料搭建的施工方等保持良好的沟通。

现在很多活动都会建活动专属微信群，一有情况就在群里面直接沟通，方便又快捷。

2. 提前梳理好活动物料

活动会涉及各方面的物料，我们也应安排对应的负责人。比如，某种物料交给谁保管、什么环节在舞台上安排什么物料、什么时间撤走物料等，都应该提前准备好，并且放在固定的位置，方便大家去找。以前做活动就出现过现场模特走秀的展品没准备好，到了舞台之后根本没人把它递过来，等人递过来的时候，现场其实已经冷场一两分钟，模特只能空走秀。当时工作人员在慌忙之中从会场后方跑过来把产品递到模特手中的场景，至今让我印象深刻，那种尴尬的情形，想必任何一个活动策划者都不想再让它出现。出现这种情况的根本原因就是，没提前把活动的物料梳理清楚。

还有一次，涉及现场的喷绘、背景板，包括异形物料的搭建，因为现场的品牌方的相关人员不清楚这些东西应该摆在哪里，迟迟没有人来拍板，后来没办法，只能先把这些东西临时摆在一个位置，等确定摆放位置后再来挪动。其实这就已经耽误了活动的进程。正常我们都要提前规划布局，清楚知晓哪个地方应该摆放哪些东西。到真正布置的时候，若发现摆放位置不合适，需要临时挪动，其实这也是因为没有提前踩好场，没有将物料准备好。

3. 高效整合资源

资源整合也是能够帮助我们提高活动执行效率的。在做活动时，经常会有一些突发情况，如果没有强大的活动资源整合能力，就会影响活动的进度。

曾经有一场发布会，现场的 LED 电子显示屏因为线路问题全部坏掉。当时负责 LED 电子显示屏的公司说，他们仓库里的电子显示屏当天都被拉去别的活动场地了，于是对方立马通过自己圈子里的关系，调了一些电子显示屏过来。

还有一次活动，本来是用酒店的音响，没打算用外借的音响。结果主持人说酒店的音响不响，坚持要换。没办法，我们就通过自己的关系，在距离活动还有两个小时的情况下，临时调来了音响。

上面说的只是常见的例子，作为活动策划人，要能整合自己的资源，哪怕这些资源是在异地，暂时用不到。一旦出问题，就可以马上咨询专业的人士，比如，灯光、音响出了问题、物料出了问题，即使他们身在异地，不能马上帮你解决，但也许他们可以通过自己的专业知识，或者通过自己在其他城市的人脉帮你解决这些问题，毕竟你不能解决的问题不代表别人不能解决。

4. 多次讨论，及时调整

多次且及时地讨论活动方案的改进，是非常有必要的。一场活动从提出创意到最终落地执行，中间肯定有很多问题，所以要多次开会讨论。参与的所有人员都可以提出自己的观点，然后推演、集思广益、未雨绸缪，可以避免很多意外的事情发生。

曾经有一场艺人见面会，品牌方觉得现场的人越多越好，这并没有什么错。当时有一个同事提出，如果没有足够多的安保力量，控制不住现场情况，该怎么办？结果也证明，确实出现了这样的情况，虽然当时划分好了区域，但有些不守规矩的"粉丝"总想冲向舞台，幸好当时我们让主办方从自己公司内部抽调了十几名男子，与现场的保安联合工作，才没让现场出现大乱子。

5. 流程模拟演练

流程的模拟演练可以帮助我们排除很多隐患，在模拟演练的过程中，如果发现哪些环节有问题也都可以及时地发现并改进，以免在现场出现问题影响活动效果。例如，现场播放的视频是否能播放完整，会不会变形？PPT的播放是否流畅？嘉宾从哪个地方登台，又从哪个地方退场？颁奖环节从哪里开始领奖？嘉宾怎样站位？模特走秀怎样站位？每个环节中，主屏幕和侧屏幕应该出现什么画面？等等，这些细节都可以进行一两次的完全彩排，以降低错误的发生概率。

6. 做好预案，未雨绸缪

几乎每一场活动都会有一些意外的情况发生，要尽可能地避免这样的事情发生，就要做好预案。活动中较常见的问题就是人员问题、交通问题、天气问题、现场设备问题，这些都是我们经常遇到的。比如说人员问题，有些人会因突发情况无法准时到场，只能由上午场改到下午场。再比如交通问题，可能会发生堵车之类的情况。天气问题也是我们非常关心的，尤其是一些户外的活动，如果天气不好，活动可能就"泡汤"了，因此需要提前准备好雨棚、帐篷之类的物料。对于以上常见的这些问题，我们都应该提前做好预案。

只有我们将细节落实到位，将人员分工落实到位，把我们所能想到的环节和问题都在脑海里推演一遍，通过团队的力量提出疑问，然后解决质疑，这样才能让一场活动更高效地落地执行。

3.10 如何打造有吸引力的文案

不管是线上活动还是线下活动，都很重视传播影响力。在活动开始之前的邀约阶段，很多活动都会通过文案配上比较惹眼的图片来传播邀约。在活动中期和活动结束之后，也会发布相关的海报。既然文案这么重要,那么我们应该怎样为活动打造有吸引力的文案呢?

首先,文字的力量是无穷的,如果我们想让一场活动更好地被别人记住,除了要提炼出主题,还应该围绕这个主题衍生出一系列的文字内容。其次,要将这些文字内容设计成图片或者是专题,抑或是制作成视频,以进行传播。针对活动的文案,有以下几种撰写方法。

1. 简洁粗暴型

用简洁、粗暴的文字将活动的利益点表达出来,吸引人到现场参会。例如:

抄底!抄底!全线抄底!

上新了!我的店!

来到,就是赚到!

××驾到,喊你来!

爆款买一送一!

全民疯抢!错过一天,再等一年!

2. 趣味、无厘头型

一些趣味或无厘头的文案往往也会很吸引人。例如:

等什么天长地久,下单马上拥有!

9月8日,约吗?副标题:×××店庆狂欢等你前来!如图3.10所示。

图3.10 国内某知名品牌的十周年庆典趣味型预热海报

3. 土到极致便是潮

在审美多样化的今天，有人喜欢阳春白雪，有人喜欢下里巴人。在看多了阳春白雪之后，下里巴人也会让人眼前一亮。所以，有时候，土到极致的文案也是一种潮流。例如：

翠花，喊你来开会！

老王，隔壁又降价啦！×××促销活动，三天优惠，请你马上心动行动！

4. 跟随热点

紧跟时下的热点话题，借势而为，如很火的电视剧《狂飙》播出后，不少品牌就把活动的主题海报做成了与之相关的样子。例如：

2023，一起狂飙！

×××品牌全国23城巡回，与您狂飙！

5. 悬念制造法

悬念制造法就是从文字上设置悬念，引发别人的好奇，吸引大家关注这场活动，从而有进一步了解活动的动力。例如：

9月8日，他都来了，你不来吗？

这一天，整个城都沸腾了！

神秘巨星，空降成都，9月9日，与你相见。

大事件？6月15日震撼揭晓！

关于活动的图片，在设计上可以更加有趣，风格可以大胆些。从传播的角度来看，如果一张图片没有吸引力，无法带给人视觉上的冲击体验,就不能算是一张好的图片。而且除了用单图,我们也可以用多宫格画面去表达。多宫格画面可以是将一张图片切成多块进行发布,也可以是将同一个系列的图进行组合发布,视觉冲击力较强。图片组合常用的是四宫格、六宫格和九宫格,其中九宫格如图 3.11 所示。

图 3.11　某商场"三八节"九宫格系列图

3.11　活动如何预热、曝光、炒作

策划一场活动是为了将产品或品牌进行宣传,需要让更多人知道和参与。因此,要对活动进行预热、曝光和炒作,以起到宣传效果。

1. 海报

海报是常见的宣传方式,朋友圈、社群、抖音、小红书等平台均可以使用,也是最为直接的宣传方式之一。

2. H5 页面

H5 页面也是较好的宣传形式，很多活动会在易企秀等平台制作 H5 邀请函，然后全员宣传转发。有些还会设置转发有奖，从而进一步提高活动的宣传力度。

3. 全员改头像

有一些大型的招商会活动或促销活动，会要求全体员工或是全体合作伙伴在活动前十天统一更换头像，以全员进行宣传。这种方式尤其是在一些促销活动中更为常见，也是很有效的一种宣传方式。

4. 短视频

现在是短视频的时代，很多活动是通过制作各种各样的短视频进行宣传的。比如，有些招商会，会提前制作与活动相关的视频，用于宣传，内容均是围绕活动的亮点，然后通过视频号、抖音等平台进行分发。

还有一些活动会用真人实拍的方式进行引流和邀请。比如，某品牌的全国性大活动为了吸引更多的人参与，就通过剧情的演绎，拍了不同的短视频，将门店卖货难、顾客进店少的痛点，全部通过视频呈现了出来，以此引起大家共鸣。

一些带有旅游性质的活动，为了用景点吸引大家来参加，会提前从网上下载与景点相关的素材，然后进行剪辑宣传。而一些更为高级的活动则到现场踩点，现场取景，制作成邀约视频，这种宣传方式更为吸引人。

不管是线下的大型活动还是线下的小型的沙龙会，抑或是线上的活动，都可以通过短视频的形式进行宣传邀约。而且在活动进行中，以及活动结束以后，都可以再次剪辑活动相关的视频，进行分发宣传。

5. 信息流

现在越来越多的活动喜欢投放信息流广告，这种宣传方式常见于产品的促销活动，以及大型的会议或展会类活动。毕竟现在抖音、快手、小红书、微博等平台的信息流广告都十分精准，它们通过大数据的筛选，可以将活动宣传视频推送给相关的人，引导大家前来参与或购买。此外，朋友圈中的广告，也是可以很精准地推送给相关的人的。如果你有一定的预算，可以进行信息流广告的投放。图3.12所示为某跨境电商针对某场展会活动在抖音平台投放的信息流广告。

6. 同城宣传

现在抖音同城也是大家做活动宣传的好地方，很多本地的商家会通过抖音同城投放视频，吸引客户到店，如餐饮、美容、大健康、服务等行业的门店，是很适合做此类促销宣传活动的。而且一些对互联网比较敏感的商城，会邀请抖音和小红书的达人探店，他们自己也会通过抖音同城、小红书、视频号等进行宣传，并且同步到自己的私域流量当中。

图 3.12　某跨境电商的信息流广告

7. 诱导分享裂变

诱导分享裂变是指诱导大家分享活动相关信息，也是一种比较常见的宣传方式。诱导分享裂变比较基础的是让大家在朋友圈发布内容后，邀请亲朋好友点赞，通过集赞的方式来领取一份奖品。这样一来，不但发朋友圈的人得到了礼品，其发布的内容也会被更多的人看到。比如，某超市举办店庆活动，主办方通过自己的微信群发布信息，让大家转发其活动内容，集赞三十个即可到超市领取价值30元的毛巾一条。这种方式在三、四线市场很有效果，而且屡试不爽。

除此之外，还有一种诱导分享裂变的方法，就是在微信图片中加上二维码或小程序码，引诱大家分享裂变。如某展会活动，为吸引大家报名参会，用送书的方式诱导大家扩散宣传。

现在新媒体越来越发达，大家宣传和邀约的方式也越来越多。不管是通过传统条幅、海报、游街广告或短信进行宣传，还是通过新媒体平台进行宣传，我们在做活动策划的时候，一定要将所能想到的宣传渠道都罗列出来。虽然并不一定每个宣传渠道都能用到，但我们可以挑选适合自己的，再加上礼品等诱导因素，或是借势艺人或网红的影响力，最大化地宣传我们的活动。

第4章
中期：活动的落地执行

第3章主要介绍了前期策划阶段的相关内容，本章主要讲述活动即将进入执行阶段和执行期间的内容，如活动亮点的呈现、会场的布置、舞美灯光、流程安排、串词撰写、人员分工等，以此让大家明确活动执行阶段的工作及需要注意的事项。

4.1 活动，就是要亮点

前文我们也有提到，做活动首先要明确活动的目的，如传递精神、鼓舞士气、凝聚团队、宣传产品、培训或销售。只有把活动目的明确了，很多事情才好办，才可以围绕这个核心做很多事情。

非常重要的一点是，在有较多预算的时候，可以把事情做得很好；当预算捉襟见肘的时候，就要站在内容方面，通过对内容品质的提升或对亮点的打磨，来拔高活动的调性。因此，在活动中要最大化地挖掘亮点。

曾经有一个客户让我们策划一场关于品牌的千人大会，目的就是宣传品牌的国潮内核。当时我们给这场会议定了一个主题：国潮正当红。

主题一定，剩下的就是紧扣主题做工作，突出它的亮点，让它炫，让它有记忆点。

首先，既然是做国潮，会场的搭建就要紧紧围绕中国传统文化，如书法、中医药、京剧、皮影戏、川剧变脸等，就连给客户送的伴手礼都是带有浓郁中国文化元素的川剧变脸模型和皮影。

其次，整个会场也是紧紧围绕中国元素布置的，包括舞台，带入了中国的艺术设计元素。因为主题中有一个"红"字，所以全场的色调以红为主，既符合中国人对于喜庆的理解，又给人一种热情的感觉。可以说，全场的"红"是对中国元素的呈现，也是活动的亮点之一。

当然，现场还运用了很多有特色的道具和异形的物料，这也是那场活动的亮点。

再次，在活动的各个环节我们也融入了中国元素。例如，节目表演带有中国文化元素，如舞狮、吹笛子、杂技、变脸等。还请了一位国学大师做演讲，单此一个环节的设置，就吸引很多人积极地报名参会，以至现场座无虚席，很多人只好站着听。

最后，请重量级的嘉宾或艺人到场，也可以作为亮点。关于如何最大化地发挥艺人的价值，前文已有讲解，此处不再赘述。

很多人会问，没钱请艺人怎么搞气氛、搞亮点？其实有很多种替代方案。可以找酒吧歌手或是长得像某位艺人的达人来一场模仿秀，他们不但能唱、能跳、能互动，还能活跃气氛。另外，他们中的很多人既可以当主持人，又可以表演节目，这样可以最大化地节约费用。

总之，举办一场活动，一定要从布置和内容两个方向去挖掘亮点。预算充足的话，可以多布置些。

关于活动亮点的呈现，主要有以下建议。

（1）如果有重量级嘉宾或艺人到场，就从他们身上制造亮点或话题，方式有签到互动、合影互动、现场直播互动、现场签名或送签名照、签约仪式、嘉宾或艺人颁奖、礼品赠送（现场送自己公司的产品或带有品牌 Logo 的产品，利于后期宣传）。

（2）现场的物料搭建，一定要新颖、奇特，能吸引观众的注意力。

（3）制作特殊道具（关于物料的制作会有一个章节具体讲述）。

（4）可以运用灯光与视频，增加活动的气氛和趣味性。

（5）有互动元素，能体现品牌方的特点，并能够利于宣传。如利用异形的物料进行合影，如图 4.1 所示。

图 4.1　芒果 TV 招商活动现场的异形拆字物料

4.2　会场的布置及搭建，提升活动调性

任何一场活动都离不开会场的布置，只有把会场布置好，才能营造出良好的氛围。因为活动有很多种类型，所以会场布置的类型和方式也会有所区别。

一般而言，会场分为外场和内场。外场的布置一般侧重于氛围的烘托，如拱门、气球、空飘、灯柱、签到处、合影区、互动区、茶歇区等，一般是为了让来宾感受整个大环境的典雅、庄重或高贵。

内场的布置主要是指舞台区、T台区、体验区和产品展示区的布置，以及会场两侧画面的布置，等等。主要是为了把要传递的核心信息或元素表达出来，让参与人员随时都能看到或感受到。

但不管怎样布置，一般要遵循以下几个原则。

1. 色调的统一性

日常活动都有一个基调，以及一个主色调。比如说年会一般是红色调的，品牌发布会一般以品牌或者产品包装的颜色为主。如果是政府会议或者是学术类活动，一般选用比较庄重的红色或者沉静的蓝色。总的来说，色调上一定要统一，如果实在没有办法统一颜色，则尽量维持在3种颜色以内，并且风格上也要尽量统一，否则会给人一种杂乱的感觉。

之前一个客户做新品发布会，产品是蓝色的，我们就安排将所有的物料都以蓝色去呈现，包括嘉宾席的椅套、晚宴的桌布、模特的衣服、现场摆设的花（蓝色妖姬）等都是蓝色的。整个会场的灯光也是以蓝光为主，这样就会给人一种很强烈的跟产品相关联的视觉体验。

还有一场活动，现场通过绿色草皮、绿色灯光及绿色物料，营造出了绿光森林的感觉。

2. 摆放的统一性

很多场科技类品牌或者互联网品牌的发布会，他们的整体布置非常简约、大气，这是因为物料的摆放比较统一。就算是有很多物料，摆放也要很有秩序。这是很重要的，可以给人整齐、舒服的感觉。

在实际操作当中，因为场地等条件限制，有时我们需要舍弃一些东西，以保证整个布局更加和谐。

常见的物料摆放法则如下。

（1）对称法——对称是中国人习惯的审美，所有物料的摆放及陈列，若能对称摆放就不会有大错，且能在视觉上给人一种整齐感。

（2）连贯法——物料的摆放一定不要间隔太远，要连贯，尽可能不要出现脱节的情况，否则会给人一种零散的感觉。

（3）从大到小法——物料的尺寸若有大有小，一般是大的在前面，小的靠后摆放。

3. 核心亮点要突出呈现

这一点很好理解，比如说你的这场活动想突出表达什么，就可以把相关的内容最大化地突出呈现出来。

我们曾操作过茶饮行业的一场发布会，当时的新品是一款奶茶，我们就把奶茶做成了一个很大的堆头，然后进行摆放。用将近100个奶茶杯，摆了一个造型，视觉冲击力非常强。

同时，我们还做了一个放大版本的奶茶杯，高度接近两米的奶茶杯模型，在现场吸引了很多人合影。并且做了很多异形KT板来呈现奶茶杯造型，这样就很容易让人记住这场活动的主角——奶茶。

在实际的操作中，因为每一场活动的规格和参会人数都不一样，所以在会场的布置上，我们通常分为三种类型。

1）大型活动

大型活动参会人数较多，场地一般比较大，如在星级酒店、展览馆等场所举办的活动。

这种活动的布置除了众多的传统物料，如桁架、展板、KT板、易拉宝等，舞台、灯光、音响也十分重要，因为大型活动基本上要靠灯光、音响去营造整个现场的氛围。然后就是一些互动类道具，比如荧光棒、手拍、伴手礼等。

第 4 章　▶　中期：活动的落地执行

在这样的场地进行布置，一般要求物料的面积要尽可能大，比如，可以用十米或二十米以上宽度的展板，并且物料种类要尽可能丰富且量多，以搭建出完美的会场，同时还可以避免在布置会场时缺少东西。试想一下，如果一个很大的会场，物料寥寥无几，灯光也不酷炫，那么这场活动的布置已经失败了。

2）小型活动

我们一般把参与人数在 200 人以下的活动定义为小型活动，如小型的发布会、培训会、沙龙，以及一些定向邀请的小型活动。

像这种小型的活动，布置会比较简约，色系单一纯净，更多地偏向小而美，通过精巧细致的陈列给人一种愉悦、舒心的感觉。比如，精致的下午茶，精致的产品陈列区，精致的胸花、台布、红酒区，精致的陈列卡或道具，以及精致的伴手礼。总之，就是突出一个小而美，让精致和优雅来体现活动的格调，如图 4.2 所示。

图 4.2　某品牌沙龙调香区陈列一角

3）庄重型活动

庄重型活动一般是指机关单位举办的活动，或是企业内部比较正式的活动。

这类活动特别重视对称，一般来说，主席台的排列、讲台的排列、物料的摆放等，都要求比较正式，不要求花里胡哨，设计上的极简一般是这类活动的共性。不管是设计上还是最终呈现上，都会给人一种或庄严或热烈或喜庆的感觉。总之，这一类型的活动特别讲究工整，不管是花团锦簇还是按资排辈，只要把工整做到位了，基本上就不会有太大问题。

综上所述，会场的氛围需要根据活动的主题和活动想要表达的内容去营造。如果你想让别人记住你的活动，那就一定要突出重点，给别人留下深刻的记忆。如果你只是想传达活动精神或者讨论某个事项，那就可以简约处理。

4.3 舞美，点亮你的舞台

在任何一场活动中，整个会场的布景、灯光、化妆、服装、道具，都是非常重要的元素，也被称为"舞美"。舞美主要用来渲染舞台气氛，给参会的人员营造一种高级感或是参与感。

一场活动中，舞美的出彩是由很多因素决定的，比如说舞台的设计风格与搭建，以及设备的选择等。

1. 音乐

音乐是一场活动中必不可少的元素，而且音乐要跟活动的格调相契合。例如，你要做一场高雅的活动，那么可以会播放轻音乐；如果你是为了提振士气，或者是为了提升与会嘉宾的情绪，那就可以播放重金属类的音乐，这样能够激发人的情绪，赶走睡意。会议开始前的暖场环节，甚至包括领导上台，都可以播放一些登场音乐。这类音乐一般会比较有激情，网络上这种音乐是非常多的，大家可根据需要选择。

音乐最好是与活动主题相契合。比如说一场中国风的活动，就可以播放含有中国元素的音乐，如笛子、琵琶、二胡，或者是播放些中国风的歌曲。如果是做一场关于儿童的活动，那么肯定要用儿歌来契合活动的主题。

一场活动中，若音乐用得好，则会给人带来舒服的感觉。

如果是一些高端的发布会或者是媒体开的会议，除了开场前会播放音乐，其他时间也会播放一些音乐，比如中场休息时间、专场环节等，但所播放的音乐都是比较舒缓的，不会过于激烈。因为太过激烈的音乐，显得过于嘈杂，与活动主题不符，会让人很不舒服，也会让人分神，同时也会让整场活动显得很低端，失去了庄重感。

如果是一场促销活动，那么音乐可能会非常激烈。除了喊麦的话术，还会播放流行歌曲和重金属类音乐，来促进消费者的购买欲望，让人保持亢奋的状态，达到刺激消费的目的。

2. 灯光

灯光能够让整个会场呈现良好的氛围，若灯光运用得好，自然会给活动加分；如果灯光用得不好，则会让整个会场给人的视觉体验非常别扭，甚至惊悚。

有一个朋友曾策划一场活动，因为对方预算有限，灯光用得也比较低端，结果导致一个穿古装表演节目的人，面部是惨白色的，如同涂了粉的女鬼一般，足可见灯光的重要性。

1）光束灯

光束灯也叫聚光灯或摇头灯，它可以创造很多光束，照到比较远的地方。而且这些光束能够在现场各个方位摇动，增强现场的氛围感。如果需要很热烈的灯光,可以将光束灯四处摇晃,呈现光束混合在一起的效果,非常热闹。如果需要很显格调的灯光,可以将光束灯很整齐地排列开来,营造一种高级感。

一般,光束摇头灯可以用于在活动开始前营造氛围,也可以在进行节目表演时增加气氛。我们在大型演唱会现场看到的那种大型的光束,就是由光束灯打造出来的,如图4.3所示。

图 4.3　大型活动中的光束灯效果

2) LED 帕灯

LED 帕灯,有的人也把它称为幻彩灯。它可以有很多种颜色,能够营造丰富的焕彩效果。在酒吧、夜场等场所中,那种酷炫的色彩斑斓的灯光就是 LED 帕灯营造的。它也是舞美界的扛把子,基本上活动想做得酷炫一些,都会用到这样的灯,如图4.4所示。

第 4 章 ● 中期：活动的落地执行

图 4.4 LED 帕灯的效果

3）图案灯

图案灯也叫 Logo 灯，大型的活动现场中打在墙上或投在地面上的带有企业 Logo 的灯光（见图 4.5），就是由图案灯营造出来的。只要把想要的图案或者 Logo 提交给灯光的负责人，他们就可以做这种灯片，价格在几十元钱到几百元钱不等。淘宝上也有很多人做这种灯片，卖家也会提供设计。

图 4.5 左侧墙面上由图案灯营造的 Logo

4）面光灯

面光灯一般由观众席投向舞台上，主要是为了给舞台上的人员提供正面照明。这样有助于观众看清舞台上的情况，同时拍出的照片也不会昏暗。面光灯效果如图4.6所示。

图4.6 面光灯所呈现的效果

5）脚光灯

脚光灯也叫条灯，它光线柔和，一般由地面射向舞台。它的作用主要是消除面光灯及光束灯等光源造成的阴影，让整个环境中的光线显得更加自然。

6）追光灯

追光灯一般会从舞台后方或顶部打出一个大型的光圈，主要是为了突出产品或者是嘉宾。比如说嘉宾上场时，追光灯一直照亮嘉宾，直至他走上舞台。有时为了突出某一款产品，可以利用追光灯将光线聚焦到产品上面。这样做也是为了提示重点，突出想要表达的东西。追光灯的效果如图4.7所示。

第 4 章 ● 中期：活动的落地执行

图 4.7 追光灯的效果

活动现场除了音乐、灯光及物料的搭建，还可多准备些其他设备，以渲染活动氛围。比如说泡泡机，一些活动现场会制造很多泡泡，来增强现场的氛围。另外，还有干冰机，用于制造"烟雾"的效果。我们在电视上经常看到的节目表演会出现很多"烟雾"，仿佛让人置身于仙境，这种效果在活动的节目表演环节和产品陈列区也可以运用，如图 4.8 所示。

图 4.8 干冰机营造的效果

4.4 流程的合理安排

一场活动的成功,不仅需要将亮点很好地呈现出来,还需要对活动流程进行合理安排。对于前期的场地申报、安保,以及接待服务等相关内容,此处不做赘述,本节我们来谈一下活动执行中的流程怎样安排更加合理,更能让人记住。

1. 开场要吸睛

很多人对"开场要吸睛"会有误解,认为要把活动的亮点在一开始就给"炸"出来。事实肯定不是这样的,"开场要吸睛"是指一个活动想要抓住人心,让人愿意坐下来,就必须在开场时用一些小手段让大家有耐心参与活动,否则活动所能起到的作用将会大打折扣。

那么怎样才能在开场时抓住人的眼球呢?

常见的方法就是运用开场视频。好的开场视频,能够让人感受到这个活动的高度。我们给客户做开场,一般会先用一个创意性倒计时,比如,把所有客户的照片通过倒计时呈现在大屏幕上,或者在具有倒计时的开场视频中用一些比较酷炫、充满科技感的元素。如果有精力,就实拍一些有故事的视频来吸引大家观看。

播放开场视频听上去很容易操作,但很多品牌在举办活动的时候很容易忽略,甚至有的活动,主持人直接上场宣布活动开始。

如果实在没有好的创意视频,还可以通过有创意的开场节目、嘉宾创意出场(如 AR 现身)、无人机开启倒计时等方式来吸引眼球。

2. 先热场再严肃

任何活动不管是上午举办还是下午举办,到场的人对活动都是带着期待的。但来参加活动的人往往会起个大早赶来,导致没有精神,也可能中午没能午休好而犯困,这个时候我们一定要通过热场来激发他们的活力,让他们打起精神来认真地参与我们的活动。

针对这种情况,一般可以通过激昂的气氛,如击鼓、震撼的音乐,来让大家提神，或是直接来一个互动或抽奖的环节，激起大家的情绪；抑或是采用最简单的方法，让大家站起来跳个集体舞，消除下倦怠感。总之，不管是通过哪种形式，一定要让大家感觉到气氛热烈，只有气氛热烈了，才能提高大家的精气神，才能为后面严肃、正式的环节做好铺垫。

3. 定高度和宽度

1）高度

为了提升活动的高度，可以请一些重量级的嘉宾来做开场致辞，奠定活动的基调。

为什么很多活动会邀请重量级的嘉宾致辞开场呢？原因是他们具有知名度或影响力，虽然他们讲的内容不一定有干货，但是有他们开场，起码活动的高度就有了，这就为整个活动定了一个高的调子。

我们之前策划过一个化妆品行业的年会，活动的目的是把品牌的发展方向引向高端之路。如果按传统的方式举办，多是在开始时由各方领导致辞，每个领导3～5分钟的时间，但这样会显得比较单调乏味。因此我们重新包装策划了一下这场年会，以拉升活动的高度，于是使用了一个启动仪式，环节名是《高端启动》，这也与活动的目标相契合。我们率先让相关领导及相关人员参与启动仪式，然后进行了一个高端的论坛对话，就是把几位领导发言的时间压缩为十几分钟，而台下的观众可以自由发言。这样大家听得更有意思，还可以互动，解答观众的一些疑问。

2）宽度

宽度是指整个内容的延续，在围绕主题的前提下，尽可能把环节拉开，让活动显得更丰富、更有层次。

我们曾经策划过一场某品牌与海洋系列的新品发布会，除了围绕新品进行策划，我们还把海洋公益组织请到了现场，同时还做了一个与海洋相关的白皮书发布环节。这样提高了整个活动的内涵，引起了更多人关注。

4. 创意环节多点突破

一场好的活动，创意环节必不可少。如果一场活动的亮点有好几个，那么可以把它们穿插在活动当中。一般来说，一场活动如果想让来宾少看手机或者是减少离场，就需要有亮点环节的设置，并且每个亮点环节的时间最好不要超过 30 分钟，因为超过 30 分钟，人就容易分神。如果没有亮点环节的设置，整个活动就会平淡无味，让人昏昏欲睡。所以，一场活动中的常规亮点要有四五个才能满足。如果实在没有亮点，就把悬念或惊喜留到最后，至于前面，多通过抽奖互动或是送礼品的方式，把好处当作亮点呈现给来宾。

关于"创意环节多点突破"，针对常规的活动的亮点设置，可参考某品牌发布会中亮点的设置。

开场——红毯秀、签到墙；

第 10 分钟——创意节目表演；

第 30 分钟——行业专家探讨未来发展；

第 45 分钟——第一轮抽奖；

第 60 分钟——启动仪式＋圆桌对话；

第 90 分钟——模特及新品走秀；

第 120 分钟——第二轮抽奖；

第 150 分钟——艺人出场（互动相关）；

第 170 分钟——公益组织签约／抽奖；

第 190 分钟——超级礼包大放送；

会后大合影。

5. 压轴节目至关重要

对于一场成功的活动，压轴非常重要。压轴并不是指最后一个上场，一般来说，考虑到整场活动的完整性，压轴节目往往是在活动中气氛高潮的部分。在高潮部分结束以后会有一个情绪回收的时间，所以一般是在倒数第 2 个环节设置压轴节目。

压轴节目要么是艺人出场，要么是设置非常震撼的奖品，要么是安排大力度的超级福利，等等。总之，就是非常能够吸引人的或者极具有观赏性的环节。

需要注意的是，压轴节目不能过于拖沓，否则就会影响整场活动的节奏，让人觉得啰唆。

4.5 ▶ 串词应该如何写

但凡是做线下活动，都会用到串词，如促销活动、婚庆典礼、开业典礼，以及大型的品牌发布会等。只要有主持人，就会需要串词。串词是非常重要的，好的串词可以为整个活动增色不少。那串词该怎样写呢？

1. 关于开场

开场白一般除了致谢和介绍现场来宾，还要紧紧围绕主题进行阐述。一般开场的这段串词都要求大气，一些情感类的活动，还会要求煽情一些。如果是在某个特定的地点或环境中，也会在开场中对周围环境和风土人情加以介绍。例如，央视在武汉举办的一档节目活动，开场时便稍加附带地把当地的风土人情介绍了一下：

有言道，天下华人是一家，值此四海同庆、人月共圆的时刻，我们在祖国的华中名城武汉，在江南四大名楼之一的黄鹤楼前，与全球同胞共度良宵，愿我们的晚会能给千千万万个中国家庭送去祝福和欢笑。

一般开场白会写得正式一些，因为其主要是统领全场活动。我们可以用正式的铺垫拔高活动的格调，中间的串词则可以轻松幽默一些。

开场白结束之后，剩下的串词主要根据活动的环节内容进行撰写。一般来说，每一个环节结束之后，串词里都要做总结或是以示感谢。比如说重要的领导致辞结束以后一般会说："听了××的一席致辞，我们深受启发……"这不但表达了对致辞人的感谢，也呼应了活动中庄重的场合。如果是一些氛围欢快的活动，串词表述就可以灵活婉转一些。每一段串词既要呼应前面环节的内容，也要关联后面环节的内容，要连贯自然，不要有跳脱。

2. 适当用排比

在写串词时，适当地使用排比句，能够起到条理分明的效果。用排比句还可以让节奏更加紧凑，既热情洋溢，又气势强烈。这也是串词中最常用的写作手法之一。

理想是一片海，海上烟波飘渺中白帆点点，总有一艘船为你漂浮；理想是一片天，天高云淡处雁群阵阵，总有一对翅膀为你展开；理想是浩渺星空，星空璀璨里流光四溢，总有一个星座在将你守候，守候那美好的明天……

3. 适当口语化

串词用于串联整场活动，在需要正式的时候就正式地表达，需要活泼的时候就活泼地表达。有的时候，为了让活动现场的氛围更轻松一点，可以将串词适当口语化，甚至可以无厘头或自黑一下，这样是可调节和活跃现场气氛的。

4. 借用古诗词或名言警句

在串词中适当使用古诗词或名言警句，可以提升活动的品位，让人觉得这个活动比较有内涵。

在写串词时，一定要对整场活动的基调和内容环节都比较熟悉，而且知道每个环节都想要表达的情感是怎样的，这样才能写出应景的串词。如果是情感类或致谢类活动，那么串词可以写得温情一些；如果是展望未来式的年会，那么串词可以用一些大气磅礴的语句。

写串词可以只写大纲和关键点，并不一定要写完整的句子。因为在实际的主持环节，有经验的主持人都会根据自己的想法来加以阐释，以调动活动的现场气氛为主。在电视台工作的一个知名主持人曾说，在他经常主持的各种活动中，除了介绍人名、单位、奖项等硬性的名称，基本上不太会跟着串词去念稿，因为串词难免会用书面语，不适合在活动中使用。他主持的时候会随机应变，经常加一些口语化、幽默化的句子。

所以，我们在写串词的时候，只要在保证活动基调的前提下，兼顾各个环节的内容即可。不要写太过于生硬的内容，否则从主持人口里说出来，一定会非常奇怪。

4.6 人员分工

任何一场活动的执行落地，最终都是由人来完成的，所以人员的分工非常重要。如果分工恰当，则会让活动的执行效率有很大的提升；如果人员分工不好，就可能会造成资源的浪费，导致活动执行不利，甚至导致活动状况百出等。

我有一个同行，有一次吃饭的时候聊到了做活动。他一时兴起跟我说他早期负责一场活动，那时经验不足，觉得人员分工不是特别重要，就没有明确分工，结果导致很多环节衔接不上，现场 LED 电子显示屏画面的切换及音响切换也是状况频出，直接导致那场活动卡"死"，品牌方当场就黑了脸。会议结束后，品牌方直接扣了他一半的费用，可以说那场活动是倒贴钱了。他说那是他最深刻的一次教训,从那以后,他必做到责任到人,分配到位。

下面我们来讲一讲活动中的人员分工问题。

1. 线下活动

以线下活动为例,以岗位来划分,除了前期负责策划、文案、设计、视频等方面的人员,还有执行过程中需要安排的人员。

1)物料搭建人员 1~2 人

物料搭建人员负责整个会场的搭建跟进,如桁架和喷绘的搭建、展位的搭建、异形 T 台的搭建,以及灯光、音响、LED 电子显示屏的搭建,等等。总之,会场上与物料相关的需要搭建的事项,都由这些人负责。他们可能不是来自同一个公司,比如负责灯光、音响、LED 电子显示屏的是一个公司,负责桁架、喷绘及展位搭建的又来自另外一家公司,虽然同为搭建人员,但搭建的内容不一样,可能需要分为不同组。

很多活动的物料搭建工作是外包给别的公司,即便这样,我们也要安排 1~2 名人员来对接这些搭建工作。

2)音响师 1 人

音响师主要负责现场音响、麦克风的正常运作。如果活动现场出现音响故障、音量忽大忽小、麦克风有杂音、麦克风不出音等问题,将会严重影响活动质量。因此,要在活动中配备音响师,上述音响问题均由音响师解决。像酒店这类会场通常会有自己的音响设备,如果选用他们的设备,一般由工程部的人来负责。要确保这个人一直在会场,做到出问题及时解决,因为音响是最容易出问题的设备之一。

3)灯光组 1~2 人

灯光组的工作人员在大型活动中一般分为第三方灯光工作人员和酒店灯光工作人员。第三方灯光工作人员主要是外聘的,他们多是专业的灯光师,专门负责摇头灯、光束灯等灯的运转,为现场营造氛围。有时候活动现场需要气氛热烈、富有激情,有时候会场又需要气氛庄重、安静平和，这都需要第三方灯光工作人员根据需要调整灯光。而酒店的灯光工作人员一般是酒店内部的工作人员，有时主办方会安排一个人专门在酒店的灯光控制台处控制灯光。比如说全场需要亮灯，他就把灯打开；全场需要熄灯，他就把灯熄灭，他与外聘的灯光师是相互配合的关系。

4）负责LED电子显示屏1人

LED电子显示屏也要由专门的工作人员负责，他们一般都有专业的设备来负责整个LED电子显示屏的画面切换及运作，保证LED电子显示屏不会出现问题。因为在做活动的时候会播放PPT、视频等，所以负责LED电子显示屏的控屏师需要通过操控切屏软件，来保证视频能够流畅、无故障地播出，避免出现黑屏、光标在屏幕上乱入等现象。

5）节目组1~2人

节目组工作人员的数量一般根据节目的多少而定，通常情况下，1~2人就可以完成。他们的主要工作就是对接外聘的节目表演人员或者是内部的节目表演者，看人员有没有到位、服装道具有没有到位、表演节目时的音乐和视频有没有到位，负责在规定时间安排表演人员上场及退场，以及道具的上场和退场等细节。同时他们也要负责跟整个会议的统筹人员对接，预防一些细节上的变动。

6）礼仪人员

礼仪人员除了在嘉宾签到或者是嘉宾入场时负责引导工作，还负责在嘉宾上台演讲时做指引：指引他们从哪里上台。一般来说，舞台两侧各一名礼仪即可。假如人手不够，可以根据活动流程进行添补。当然，如果活动比较隆重，在迎宾环节可能需要多位礼仪人员，一般根据活动的规格确定数量。

7）跑麦人员1人

跑麦人员负责在会场上传递话筒，比如，有不同的嘉宾上场，他就负责把麦克风话筒递给对应的嘉宾，当然这部分工作有时也会由礼仪人员或者主持人完成。如果台下有互动,那么这名跑麦人员就会把话筒及时地传递下去,一般1名工作人员即可。

8)道具组

道具组人数通常为1人,但也要根据这场活动中道具的多少来安排,少则1名,多则10名,甚至几十名都有可能,他们主要负责整场活动道具的摆放及管理。比如说有签约仪式,那么在签约仪式开始的时候,就会由道具组的工作人员把签约桌椅等搬到舞台上面,并且摆放好。

9)摄影摄像组2人

摄影摄像组工作人员一般分为外聘的和内部的,不管是外聘的还是内部工作人员,一般都是摄影和摄像各1人。如果是大型活动,摄影、摄像可能会各安排两名,尤其是摄像,大型活动一般至少安排两名负责人,一人负责摇臂、一人负责固定机位。

10)总控人员

总控人员一般是整场活动的负责人,通常会由活动策划人担任。因为他知道整场活动的具体流程,所以很多事情都会在心中盘算一遍,有什么问题直接向他请示,他都能给出明确答复,由此可见,这个人员非常重要,大型活动中也会配几名副手共同配合总控人员。

上面提到的是线下活动的人员构成,开展活动的时候,这些人员必须参与进来。而且在彩排的时候,什么环节上什么道具、亮什么灯光、放什么音乐、播放什么视频及表演什么节目,都需要这些人共同配合,所以大家都会形成小组来讨论。

2. 线上活动

对于一场线上活动来说,人员安排相对简单一些。不管是线上的促销活动还是宣传裂变类活动,一般人员构成主要包括总负责人、文案策划人员、设计人员、运营人员、店长、客服,有时一人还可以身兼数职。之前有一个品牌做线上活动,工作人员只有两个人。其中一个人是店长,他负责文案的撰写、活动的策划及客服工作;另外一个人就是设计师,负责页面的设计和页面的上线。当然，这种情况是比较少的，不过正常情况下，线上活动的工作人员本身就不是很多。

3. 直播活动

这几年随着网络的发展，直播活动开始兴起。对于直播活动，一般来说，人员构成主要包括主播、助播、运营人员、场控人员、客服、视频运营人员等。

1）主播

主播是一场活动的主要出镜人员，主要负责直播间的产品展示与介绍，负责与"粉丝"进行互动、把控节奏及操作引导等。

2）助播

助播主要是配合主播在直播间营造氛围，比如说与主播一起喊倒计时，让大家参与秒杀等。例如，我们经常可以在达人的直播间听到主播的话外音："现在还有200单，只剩200单了。"然后助播就会附和说："只剩下200单了，兄弟们。"

助播还有一个工作任务，就是负责整个直播间的产品及物料的运送。比如说一款产品介绍完了需要撤走，助播就会把它给撤走，需要介绍下一款产品时，助播就会把产品呈现在镜头前。如果主播有一些地方没表述清楚，助播也会进行补充完善。

3）运营人员

运营人员主要负责统筹整个直播间，负责各种玩法的设计，如设置背景音乐、开设福袋、推广投流、确认产品上架和更新产品库存等，以及掌控整个直播活动的数据。

4）场控人员

场控人员主要负责提前测试软件、调试设备，以及配合主播，然后吸引大家关注或者是发起评论，并引导主播利用相关话术介绍产品。除此之外，他还负责维护直播间，比如，直播间有"黑粉"，他就要进行清理；如果直播间有人刷礼物，他就要引导主播表示感谢。

5）客服

客服主要负责回复问题、与"粉丝"进行互动、对产品进行详细的讲解，等等。相当于对主播的工作进行补充，并引导消费者下单购买。

6）视频运营人员

视频运营人员负责日常视频的拍摄、剪辑及上传，以及视频后期的引流和推广。

当然，如果有些团队没这么多人员，就需要一人身兼数职。比如，有的公司中的助播和场控是同一个人。

4.7 注意事项

一场活动要想顺利执行，有很多事项需要注意，尤其是活动执行期间。在这一阶段若能发现问题并解决问题，可以让我们的活动执行得更趋完美。为此，本节我们罗列了活动执行中常见的注意事项，供大家参考及避坑。

1. 完善方案

在前期策划的过程中，很多活动方案看起来并没有什么问题，但在具体执行的过程中，可能会出现种种情况，比如，物料的摆放位置不合适、舞台的搭建不合适、人员的分工不合理等。所以，我们要尽可能在抵达现场后，根据实际的情况，对方案进行细化、调整，以保障活动的顺利进行。

2. 细节把控

在开展活动的过程中，一定要执行标准化、细节化。大到活动主题，小到现场桌椅的布置，都要精细化、完美化。只有做好这些细节，才能保障打造出一场趋于完美的活动。

3. 保证性价比

对于任何一个活动的主办方来说，都希望花更少的钱，打造更好的活动效果。所以在活动进行和执行的过程中,可以根据以往的经验选择更具性价比的供应商和物料,以此来实现活动的降本增效。

4. 彩排

在活动正式开展之前,要把各个环节再顺一次,保障活动从头到尾的完整性与流畅性,并通过调整来达到更加完美的效果。比较好的方法就是在活动开始之前对活动流程进行彩排,毕竟很多问题都可以在彩排中发现。记下彩排中所发现的问题并及时解决,更有利于活动的顺利开展。

5. 资源调配

活动在即将执行时或是执行过程中,需要和相关供应商及场地方争取更多资源,以最大化保证活动的顺利进行。

6. 准备预案

活动中经常会出现各种问题,比如,因天气不好导致活动中止,因堵车导致嘉宾不能准时到场等,这些都应提前准备好预案,以备不时之需。

7. 其他注意事项

(1)活动前要与相关重要嘉宾进行确认,及时了解其行程状况,以免出现延误、迟到等情况。如果嘉宾是从外地过来,那么最好安排专人接站。如果没有接站环节,就要发送乘车或打车的最佳线路,方便其能及时到达活动现场,节约时间。

(2)活动当天要做好引导工作,摆放明显的指示牌和引导牌,让与会人员能够快速到达活动现场。如果路线较为复杂,则可以安排专门的工作人员进行现场指引。

(3)活动开始前要对各种设备进行测试,以确保活动的正常开展。

(4)活动流程一定要细分到人,落实到位,让每个人都清楚自己的工作与职责,以免出现推诿与扯皮的情况。

(5)对于活动执行人员,一定要人手一份执行版的流程表,表上要写清楚每个环节需要哪些人员、需要哪些物料,以及灯光、音乐等如何配合。这样大家就可以知道每个环节所要呈现的效果,以及需要准备的内容及道具。

(6)重要的环节一定要由专人负责。很多活动因为人手不足,会让一个人肩负多项工作,有时这个人为了忙另外一件事情,就有可能兼顾不了其他工作。对于一些不是很重要的岗位,可以一人多责,但对于重要的环节,一定要专人专责,而且要让特定人员在某个区域负责,以避免出错。就算出错,只要人在现场,也容易及时解决。

(7)时间一定要把控好。很多活动经常因某个嘉宾演讲超时,导致出现下一环节不能如期开展等情况,对此,我们就要通过工作人员或演讲倒计时声音帮助提醒嘉宾时间,这样能够最大化地保证每个环节的时间都与我们规划的时间相符合。一旦出现超时严重的情况,就要及时压缩其他环节的时间,以确保重要环节能够如期完成。

第5章
后期：如何宣传推广

5.1 活动结束后应该注意哪些事项

策划一场活动，当主持人宣布结束的时候，大家都会有如释重负的感觉，整个人会放松下来。但活动结束也意味着将要进入另一个阶段——收尾阶段，这个阶段其实是有很多事项要注意的。

1. 撤场

一场活动结束之后还会涉及撤场，如果是大型活动，撤场会比较烦琐一些，像LED电子显示屏的拆卸、桁架的拆卸、灯和音响的拆卸、现场物料的收取等，都是需要一定的时间的。这部分工作需要注意的是安全问题，在撤场时一定要注意小心。此外，不要破坏场地上的东西，如地板、地毯等。

2. 物料的盘点

任何一场活动结束之后，都需要对物料进行盘点，有些物料是消耗了，还有一些物料可能丢了或被别人拿走了。在活动中丢失物品的现象很常见，所以在活动期间，一定要有专人看守贵重的物品。尤其是一些大型活动，人非常多，有时一转眼，东西就不见了。活动结束后，需要把剩下的物料打包归纳，重新包装运回物料供应公司或是由自己收起来。当然，如果是一场线上活动，就不会面临这样的问题。

3. 资料的搜集与归类

一场活动下来，我们可能会获得很多资料，如新会员的个人资料、产品售卖的数量、运营数据、加盟商的打款数据、展会上收集到的客户信息等，这些在活动结束后必须由专人负责整理。这些资料中的信息都是非常有价值的，如果丢失了，就会前功尽弃。建议让专人对这些资料进行归纳、保管，方便以后进行整理分析，比如，看哪些数据是需要的，哪些数据是没用的，哪些客户是潜在客户，哪些客户是意向客户，哪些客户是需要马上跟进的，等等。

4. 成果跟进

成果跟进主要涉及带有商务性质的活动，如现场销售、现场签约类活动。一些品牌方为了销售自己的产品，会让客户签单，还会在活动结束后安排工作人员在适当的时间对犹豫的客户进行跟进，尽量在客户离开前达成合作协议。这样做也是为了趁热打铁，进一步将其转化为合作成果。

5. 返程服务

返程服务主要是指安排好参会人员的行程返回，比如，给予他们返程的指引，协助他们订好返程票，安排好车辆送他们进站。对于一些重量级的嘉宾，还要安排专车将其送到机场或车站；对于没法马上离开的嘉宾，还要安排其食宿等。

对于不同的活动，在具体的执行过程中，环节和内容都不太一样。不管是怎样的活动，物料的清点、工作人员的安排，以及对收集的资料的整理和归纳等都是必需的。毕竟做一场活动，要么是为了提高销售业绩，要么是为了实现对品牌的宣传，要么就是为了达到技能培训，因此，在一场活动中要有始有终，把结尾收好，这也是为下一场活动打下更好的基础。

5.2 会后报道应该怎么做

一场活动的宣传通常包括三大部分。一部分是活动前期的预热宣传，比如发送邀请函、发布宣传视频和宣传图片、媒体进行报道预热等。一部分是活动进行时的宣传，比如，进行实时的图文直播、视频直播或媒体的实时发布等。另一部分就是一场活动结束后的宣传报道，这也是本节的重点。

1. 传统媒体

传统媒体主要是指报纸、杂志及传统的网站，也包括一些行业性的媒体。这些媒体的报道一般是由记者撰写，然后发布。现在这些传统媒体基本都有自己的公众号和网站，很多新闻稿由记者写出来之后，会先发给活动主办方审核，确认后再发布。当然，考虑到成本问题，也可以提前准备好新闻稿，然后交由媒体发布。

如果是规格较高的媒体，还会对活动主办方的负责人或是重量级的嘉宾、品牌创始人等进行深度的专访，由对方来讲述一下这场活动的成果和感想等。

现在还有一种报道方式，就是由主办方撰写新闻稿之后，通过第三方媒体进行发布，如网易、新浪等媒体平台。现在这类服务商也比较多，可以多平台进行宣传，增加活动曝光量。

在这里需要提醒的是，如果是主办方自己写新闻稿，一定要站在媒体的立场，公正客观地去阐述。千万不要站在主办方自己的立场去写内容，这会让人觉得是"王婆卖瓜，自卖自夸"。举个例子，很多品牌方自己写新闻稿，写着写着就变成了自己对外宣传的稿件，别人一看就知道是在卖广告，这样起到的效果适得其反。

2. 新媒体平台

如今新媒体平台的传播非常重要，它比传统的权威媒体和行业媒体的宣传还要直接。比如说我们可以让工作人员剪辑好多条视频，在抖音、快手、微博、B 站、知乎、视频号和公众号等多个平台进行发布。

不管是品牌发布会还是促销类活动，都要尽量多剪辑一些这样的视频。现在剪映 App 的使用非常简单，只要你拍摄了素材，就可以利用它的模板进行剪辑或者是自己剪辑，都可以剪出既时尚又有节奏的视频。

我们有一个客户，开展了一个全国联动的销售活动，在全国很多区域举办了品牌节，然后每天都会把当天与业绩相关的图片和视频进行剪辑处理，一天可以产出几十条，然后由他们的工作人员和店家，以及代理商共同宣传造势，带来了非常好的效果。这种每天剪视频共同宣传的方法给别人的感觉就是，他们的活动做得非常热闹，非常成功，既有销量又有影响力。

3. 朋友圈及社群

朋友圈和社群也是活动后期非常重要的发布渠道，我们可以将活动的图片或视频内容进行加工，发布在朋友圈或社群等平台，以此影响更多的人。

5.3 复盘与总结

在活动结束后，对活动的复盘与总结至关重要，这也是个人及团队成长最为迅速的方法之一。因为复盘可以找到活动中存在的问题，为以后的活动避坑。一般的复盘和总结是通过活动之后的总结会进行，也有的复盘和总结是通过参加人员在一起聊天整理得到。下面我们主要从 4 个方面来讲述复盘和总结的重要性。

1. 总结成果

活动成果包含很多方面，如带来了多少新的客户、达成了多少销售额、签了多少订单、产生了多大的影响力、有多少人参与。这些比较直观，可以通过数据或者口碑体现出来。

所有的成果总结都是以终为始，都要回归到原点，对比之前制定的活动目标，看看是否实现了当初的这个目标，然后我们再对这个活动成果进行分析，给活动归纳一个结论，看它是失败还是成功，是影响重大还是平淡无奇。

2. 问题追踪

基本上每个活动都会有瑕疵，我们可以在有瑕疵的环节中找出问题，通过追踪每个环节的具体负责人，以及来访的嘉宾，总结哪些地方做得不够好，这样能够帮助我们下次改进。有很多大型活动，在活动之后会给每位参加人员发一个问卷追踪调查表，让大家填写与活动有关的反馈意见，以便发现问题并在下次活动中进行改进，而这才是一场活动总结与复盘的意义。

举个例子，若一场活动的参会人员数量没有达标，那么我们就要寻根究底，找一下参会人员比较少的原因。是因为邀约不到位，还是因为天气原因或交通原因，抑或是因为邀请的理由不够充分，还是奖品不够吸引人等。

不仅是线下活动需要追踪问题进行分析，对线上活动也要进行追踪分析，如直播活动，要了解直播间的氛围是不是很热烈，产品政策能不能吸引人，来到直播间的用户有怎样的群体画像、有哪些特点、是什么性别、是什么年龄层次，消费者更喜欢买哪一类的产品，活动的宣传有没有到位，等等，这些总结都是可以为下一次做活动避坑的。

关于活动的问卷调查表格，大家可以使用问卷星或是腾讯文档，非常方便。下面提供一个常用的关于活动的问卷调查表，上面所设置的问题供大家参考。

第 4 届中国直播电商年度盛典会后问卷调查：

（1）您参加我们本次会议的目的是什么？

（2）您对展位的搭建形象是否满意？

（3）您认为本次大会的规模如何？

（4）您对本次活动的内容流程有何建议？

（5）您对本次活动的满意度如何？

（6）您对主办方最满意的地方是什么？

（7）您对主办方最不满的地方是什么？

（8）您是否愿意继续参加我们的活动？

（9）若您不愿意参加，具体原因是什么？

（10）您对我们的活动有哪些建议？

3. 强化优势

任何一场活动都不可能不出错，我们只要最大化地规避可能出现的问题即可。而对于活动中一些好的创意和设计，下次活动可以继续保留，因为这些都是已经通过考验和证明的，说明是确实有效的，那我们一定要把这些好的设计强化起来。比如说这次活动的邀请函很有吸引力，那下次我们可以在这个基础上进行改进；比如说我们的奖品设置很有吸引力，或者是活动的政策力度非常有吸引力，那么下次我们都可以继续使用，或者是在此基础上进行优化升级。

总之，一定不要陷入死抠问题的误区，而要在发现问题的基础上强化活动的优势与长处。

4. 经验创新

对活动的总结与复盘，除了上面提到的发现问题和放大优势，还包括经验的创新。比如说经历这场活动，我们得到了什么启发，获得了哪些新的体验，我们都可以记录下来，以便在下一次活动中延用或改进。也可以让参与活动的工作人员各抒己见，从而找到别人做得比较好的地方，然后进行借鉴。

我们曾经举办过一场活动，活动现场有一个产品展示区，当时是用传统的背景与桁架打造的一个展示区，里面摆着一些柜台等物料。虽然效果也不错，但没有把"明星"产品很好地突出出来，因此就有同事提议，下次可以使用"雾屏"直接把产品投影出来，或者是加一盏Logo灯片，把产品的图案直接投到地面上，这个做法也是他在别的活动中看到的。后来我们在进行下一场活动的时候，就把这些做法写进了策划活动的方案当中，并且得到了客户的认可，现场执行的效果也非常好。

其实经验创新并不是要求你要有前无古人式的创新，有时只要在成熟的经验上进行改进创新即可。

关于活动的复盘和总结，可以用一个图来表达，如图5.1所示。

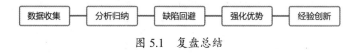

图 5.1 复盘总结

第 6 章
活动物料

活动中的物料必不可少,物料丰富且运用合理,能够让活动的氛围感更加强烈。本章主要介绍常用的活动物料,以帮助大家了解不同物料在活动中的应用方式,这也是活动策划人必须学习的。

6.1 常用的活动物料

每一场活动都需要用到很多活动物料,不同的物料组合使用,可以增强活动的良好氛围。活动物料的种类很多,本节罗列一下常用的活动物料有哪些,方便大家在做活动时参考。

1. 外场氛围类物料

外场氛围类物料包括地毯、气球、空飘、横幅、竖幅、彩旗、刀旗、注水道旗、拱门、X展架、门形展架、易拉宝、拉网展架、喷绘、桁架、木制背板、双喷布、软膜、写真等。

2. 签到类物料

签到类物料包括签到笔、签到本、签到墙、电子签到机、签到臂、签到手环、签到礼品、签到礼品袋、签到胸花等。

3. 活动现场物料

活动现场所需的物料种类很多，主要包括：指引牌、嘉宾台卡、资料手册、流程表、纸、笔、练习本、会议用水、会议用水专用瓶贴、走秀产品、走秀道具、遮阳伞、促销台、促销桌、空白海报、抽奖箱、抽奖转盘、主持人手卡、麦克风贴、PPT翻页笔、对讲机、无线耳麦、签约本、签约桌、签约笔、活动证书、毕业证书、抽奖券、奖品、奖牌、奖状、喜报、摄影机、照相机、摇臂、彩烟、礼炮、烟花、小手拍、LED手举牌、口哨、荧光棒、舞台、地毯、草皮、LED灯带、吸塑发光字、讲台包边、讲台鲜花、手捧花、铁马、隔离杆、人形立牌、异形KT版、合影条幅、合影阶梯、装饰绿植、茶歇及饮品等。

4. 舞美类物料

活动中的物美类物料主要包括桁架、雷亚架、灯光、音响、LED电子显示屏、烟雾机、泡泡机、干冰机、雾屏、全息投影等。

5. 电子类物料

活动中的电子类物料主要包括电子邀请函、电子流程表、会议主背景、宣传视频、启动仪式视频、节目表演视频、暖场音乐、上场音乐、启动仪式音乐、退场音乐、促销喊麦音频、控屏软件、抽奖软件、PPT、互动游戏软件等。

6.2 喷绘

喷绘是日常活动中最常用的物料之一，我们经常会看到喷绘与桁架组合使用，用于搭建签到背景和展示画面。

喷绘通常会用在尺寸比较大的画面上，如 4 米 × 3 米、5 米 × 20 米等。我们在户外看到的大型广告，很多就是喷绘制作而成的。

喷绘也分为普通喷绘和黑底喷绘。

1. 普通喷绘

普通喷绘的底部基本上是白色的，如果是在室外，一般会透光，能够看到后面的桁架，这样会影响画面的表现力，且显得格格不入。

2. 黑底喷绘

黑底喷绘的底部有一层黑色 PVC 膜，能够遮挡光线，不透光，所以是看不到背面的架子的。而且黑底灯布的吸墨性和色彩表现力非常好，表面也较为平整，画面更加细腻，同时它的抗拉强度高，使用寿命也比较长。黑底喷绘的厚度比较大，韧性也较好，非常适合在户外用于分割拼接和安装。一些高质量的活动，会优先选择黑底喷绘。

就价格方面而言，黑底喷绘比普通喷绘要贵一些。正常情况下，普通的喷绘布价格为 7 元 / 平方米，黑底喷绘的价格会达到十几元钱一平方米。

如果是算上桁架，黑底喷绘基本上是一平方米要四五十元钱，普通喷绘加桁架一平方米可能只要二三十元钱。

在这里需要提醒一下，喷绘成品与设计稿通常会有一定色差，为了避免色差明显，一般建议提前发一平方米左右的小画面，给物料公司先打样。如果色差明显，再进行调整。

有时候，喷绘公司制作出来的画面有色差非常大的情况，例如画面上的金色字体喷出来以后是白色的，所以最好提前打样查看效果。如果你的要求不是很高，那就无所谓了。

如果是户外的喷绘，搭建尺寸比较大，那么建议在中间打个穿风孔。很多时候我们会看到喷绘上有一些三角形的口，就是为了防止被风吹倒。

另外，设计师在准备喷绘文件的时候，最好用 CMYK 格式，不要用 RGB 格式，因为后者在打印出来色差会较大。

6.3 KT 板

KT 板也是日常活动中经常会用到的一种物料，它比较轻便。因为上面裱了一层背胶，所以画面比较细腻。KT 板既可以做单面，又可以做双面。

KT 板的表面比喷绘更加平整，在火车站、机场中，很多人接站时举的牌子就是用 KT 板材料做的。而且它还可以与桁架组合使用，搭建各种造型，供人在活动现场拍照打卡，非常吸引人眼球，如图 6.1 所示。

图 6.1 两侧框架由 KT 板与桁架搭建而成

此外，活动中的很多促销堆头及魔方，也是由 KT 板制作而成的，如图 6.2 所示。

图 6.2 KT 板制作的活动魔方

KT 板的优点在于轻便、色彩逼真、成本低,是物美价廉的一种物料。它的缺点是使用时间较长的话,容易起泡、有折痕。如果只是在做活动期间用上几天时间,那是没问题的;如果长期使用,那么建议使用 PVC 板。PVC 板的硬度更高,能够长期使用,只不过 PVC 板稍重一些,价格也略高一些。

6.4 桁架

桁架也是举办活动时常用的一种物料,主要为金属材质。一些广场上带有画面的喷绘,其实后面都是用桁架支撑的。

桁架通常是与喷绘或 KT 板组合使用的,很多物料公司对桁架的报价是按平方米算,比如,一平方米的费用通常是包含桁架与喷绘画面的,当然,也有一些公司是根据桁架的米数来计算价格的。比如说一个 4 米×3 米的桁架,用到的米数就是 4+4+3+3=14 米。如果以平方数计算,就是 12 平方米。一般搭建的桁架后面会有一个伸出来的支撑脚,会用沙袋等压住,用于保证安全,如图 6.3 所示。

图 6.3 桁架背面的支撑脚

在搭建桁架的过程中，一定要注意对地面的保护。因为有的场地的地面是大理石，有的是高级地毯，桁架拐角有些尖锐，很容易刮花地面或是弄坏地毯。所以一定要注意，在架子下面垫一个废旧的地毯来做缓冲，以此保护地面。

在一些高档次的活动当中，活动方会用木质背板搭建背景。在木质背板上面会裱一层背胶，背胶的画质相较于喷绘的画质更加细腻、真实，质感也更好，同时它的成本也更高。因为背板要靠人工制作，并且不能重复利用，所以使用起来不太方便。而桁架是可以重复利用的，如果对活动的要求不是特别苛刻，普通的桁架配黑底喷绘就可以满足对画面的需求。

6.5 抽奖玩法

不管是线上活动还是线下活动，很多活动都会涉及抽奖。有的奖品是实物，有的奖品是代金券，有的奖品是红包。奖品的种类有很多，玩法也非常多样化。本章我们将分两大板块来介绍与奖品相关的内容。

1. 线上抽奖

线上抽奖主要包括微博抽奖、直播抽奖、大转盘抽奖、朋友圈点赞抽奖、公众号留言抽奖、抖音活动抽奖、社群互动抽奖等。

1）微博抽奖

微博抽奖的方式已经出现十几年的时间，现在依然有很多品牌会用这种方式。一般是让用户转发、评论并且@几位好友，然后通过微博官方平台进行奖品的抽取。目的是吸引更多用户关注。

2）直播抽奖

当下的直播平台，如抖音、快手、视频号，经常有抽奖的环节，常用且简单的方法就是让大家发送固定的文字内容或数字，然后截屏抽取。当然，也可以通过后台系统设置进行抽奖。

3）大转盘抽奖

这种方式在公众号上比较常见，一般是让消费者关注公众号，然后回复对应的内容，公众号就会弹出对应的大转盘界面，用户就可以参与抽奖了。

4）朋友圈点赞抽奖

很多宣传或促销类活动，会让人在朋友圈发布宣传文案，然后邀请亲朋好友点赞，并且设置点赞规则，比如说第10位点赞的、第20位点赞的、第50位点赞的朋友将获得奖品。

5）公众号留言抽奖

一些微信公众号在发布了文章之后，在文章末尾或是评论区会编写一段文字。例如，"欢迎大家积极评论，评论点赞最高者或观点最有特点者，将有机会获得奖品"。

6）抖音活动抽奖

很多抽奖活动通过抖音平台发起，只要拍摄相关视频并添加指定话题，即可根据获得的点赞数排名，从而获得奖品。很多类似的活动也被称为"抖音挑战赛"。

7）社群互动抽奖

除了常见的线上抽奖，一些线下的实体店（如餐饮类）会组建社群，通过在群里设置互动项目进行抽奖，也可以发红包让大家抢，抢到金额最多的人即可获得一道免费的菜品或者是小礼品。

还有一些实体店会在社群内提出问题，群内回答正确的成员，即有机会获得奖品。这种社群互动抽奖一方面可以提升群的活跃度，另一方面可以宣传推广产品。

2. 线下抽奖

线下抽奖主要包括消费抽奖、游戏抽奖、红包墙抽奖、大屏软件抽奖等。

1）消费抽奖

在促销活动的现场，经常会设置一个大转盘或是一个抽奖箱，消费者消费到一定额度即可参与抽奖，这种方式是较为普遍且简单、有效的。

2）游戏抽奖

在活动现场，如果设置一些游戏，将会提高观众的参与度，并能吸引更多外围观众，因此可以设置一些好玩、易参与的游戏，如打气球、套圈、砸金蛋等，让参与的人在玩游戏的过程中参与抽奖。

3）红包墙抽奖

在活动现场设置一个贴满红包的X形展架，同时设置一些问题让参与者进行回答。凡是答对者即可抽取一个红包，获得里面对应的奖品。

4）大屏软件抽奖

在一些大型的活动现场，常会使用大屏软件进行抽奖。比如，活动现场有LED电子显示屏的情况下，可以运用大屏幕进行抽奖，可以提前设置好奖品、数量等，进行随机抽取。

上面是关于抽奖形式的介绍，实际上大家关注的更多的是奖品的设置，好的奖品设置会吸引很多人参与。例如，在微博刚兴起的时候，很多品牌做活动就将苹果手机作为奖品，一场活动就会吸引数万粉丝参与。有些品牌在举办营销活动的时候，会拿着现金甚至是送奔驰、宝马等豪华轿车作为奖品，吸引和刺激大家参与。

3. 关于奖品的设置

关于奖品的设置也是有技巧的，下面进行介绍。

1）一大多小

奖品设置中的"一大多小"是指设置一个大奖和多个小奖，比如，1万元现金大奖和很多小的奖项，小奖可能就是优惠券或是小礼品。这样设置的目的就是通过大奖聚集人气，它是吸引大家参与活动的一个诱饵。至于为什么要设置很多个小奖，主要是为了烘托现场气氛。比如说我们只设置一个大奖和少量小奖，如果参与人数众多，那么现场气氛就没办法调动起来。所以，即使采用"一大多小"的方式，"小"的数量也要足够多，否则就起不到预期的效果。

"一大多小"的奖项设置适用于人数比较多的情况，也可以在中间设置二等奖、三等奖，前提是活动的预算充足。

2）平均型奖项

平均型奖项就是奖项的价值都差不多，通常只有几种奖品，这种奖项主要用于吸引新会员参与。这种奖项的数量比较多，基本上人人都可以中奖。奖品可以是优惠券或者是比较小额的礼品，目的就是提升客户对品牌方或者活动方的好感，增强他们的参与感，或是吸引新会员加入，而不是要刺激现场购买或产生多大的互动和影响力。

3）诱导型奖项

诱导型奖项是指活动当中原本是没有这个奖项的，为了让更多人参加而临时宣布增加的一个奖项。例如，一等奖原本只是1万元钱现金，为了刺激大家多签单或者是多购买，会临时增加一个2万元的大奖。诱导型奖项的设置，就是为了在现场引起轰动，刺激大家积极参与。实际上诱导型奖项的奖品早已在预算当中，工作人员早已知道，只不过是故意到后面才宣布增加，就是为了在现场制造声势。

4）追加型奖项

追加型奖项也是为了刺激大家参与活动。比如，现场活动时间较长，设置的 1 万元大奖在中间时段被抽走了，这对活动是很不利的，这时我们就可以通过再设置一个大奖或者是比大奖价值略低一点的奖品（这就是追加型奖项）来保证现场大众的参与度，让活动的热度持续下去。

对于奖项设置，不管是怎样的抽奖，奖品的堆头一定要大、多、显眼、丰富，一定要在现场最大化地摆放，以吸引大家关注。如果有现金，就可以摆出现金；如果有汽车，就直接把汽车摆在现场。当然，如果是一些不方便摆放的东西，就可以做成比较大型的 KT 板或喷绘画面，让现场参与者都可以看到，同时主持人可以反复的口播渲染，来强化抽奖活动的热闹与刺激度。而且在做宣传的时候，奖品一定要在图片或邀请函中体现出来，让大家一目了然。

我曾主办过一场活动，主办方直接在现场抽奖宝马汽车。但宝马汽车并不是那么好抽的，想获得抽奖资格，就必须向品牌方订货并达到五十万元，而且主办方也允许拼团。当时现场很多人为了抽到宝马汽车，就不停地追加订单，在现场原本只准备了十台宝马汽车的情况下，主办方又根据自己的利润空间临时拿出两台宝马汽车作为追加奖品，最终现场的氛围十分火爆。不管是现场成交的业绩还是整个活动在行业内的影响力，都非常引人关注。

如果是以销售为目的的活动，则可以多设置一些优惠券，这样对销售是有一定帮助的。如果是为了提升活动的影响力，不要只用优惠券这种奖品，而可以用优惠券加礼品。因为很多人对优惠券并不感兴趣，而只想要礼品，所以要将优惠券和礼品一起设置。礼品是用来宣传活动的，优惠券则是为了刺激消费，并且让消费感觉到真实，因此，不管礼品大小，都可以让抽奖者心里得到满足。

第 7 章
7 大线下活动策划攻略

线下活动包括很多种，本章将重点介绍年会、招商会、培训会、沙龙会、发布会、展会、促销活动等主要的线下活动，帮助大家了解不同类型的活动的玩法是怎样的，从而帮助大家能够有针对性地制定活动策划方案。

7.1 线下活动的特点

与线上活动的虚拟性不同，线下活动是人与人近距离地沟通、交流、互动，它最大的特点就是体验感极强。当然，从成本角度来说，因为线下活动一般对人员、物料等有着比较直接的要求，所以成本也相对较高。此外，从活动影响范围来说，因为条件限制，所以，覆盖面不像线上活动那么广。

但线下活动也有其独特的优势，这也是线上活动无法比拟的，主要有以下几点。

1. 荣耀感

线下活动绝大部分是会对参与者进行邀约的，如通过电子邀请函或是纸质邀请函来邀请参与者，这会给被邀请者一种尊重感和荣耀感。尤其是某些活动仅仅是定向邀约目标群体，这种荣耀感更是不言而喻。

2. 仪式感

不管是企业自身的年会,还是沙龙会或是促销活动,都会尽可能地给参与人员满满的仪式感,如设置走红毯、签到墙、签到礼品、培训会后的毕业典礼、颁奖典礼等,这些都可以给人带来非常直观的尊贵体验。

3. 体验感

线下活动是人与人直接参与构成的,比线上活动的体验感更强,因此可以设置一些有助于提升参与者体验感的道具和环节,让参与人员更直观地体验到我们的产品或服务。例如,食品类品牌做线下活动,可以提供产品试吃体验,很多人在现场试吃,不但能吸引更多人来体验,而且能通过好的体验感促进下单,线上活动则无法提供这种体验。

4. 私密性

线下活动因为覆盖范围有限且相对封闭,所以活动具有一定的私密性。只要提前告诉记者或是宣传人员,不要把核心的内容泄露到网上,那么基本上就可以保证这场活动的私密性。比如,招商会的政策、产品发布会的产品参数、技术性内容,甚至是一些嘉宾的名单,都不便透露,而线下活动的私密性则可以很好地满足这一需求。

除此之外,线下活动还能提升参与人员对品牌或活动的忠诚度,因此很多公司都会开展形式各样的线下活动。当然,也会与线上活动组合去做。

综上,我们在策划线下活动时,要最大化地从荣耀感、仪式感、体验感等维度,来让到场的人员感到自己被优待,也可以在现场设置一些送小礼品环节增加互动,能让参加者获得更好的体验。例如,很多活动在现场设置了抽红包环节,只要在朋友圈发布活动相关信息,凭截图即可获得抽红包机会一次。这种安排既能活跃现场氛围,又能吸引更多的人前来参与。

当然,线下活动形式多样,每一种活动形式都有其独特的玩法,接下来我们就介绍7种常见的线下活动的玩法。

7.2 年会的策划怎么做

年会是最常见的活动形式之一,是为了总结过去一年的收获,并展望新一年的前景。年会通常会通过活动制造欢乐、鼓舞士气、营造氛围、深化沟通,以增强内部组织力量,促进组织战略分享,增进集体目标认同感等。

不管公司规模大小,多数公司会举办年会,有些公司的年会只针对内部员工,有些公司的年会会对外开放,并邀请一些嘉宾。在介绍年会活动该如何策划之前,我们先来剖析一下年会的特点,这样才能更好地策划年会。

1. 年会的特点

1)凝聚力

任何公司做年会,必有的目的就是激励士气,提升团队凝聚力,有的公司还顺带答谢客户,这些都是为了下一年的公司发展制造氛围。所以,我们一定要把环节设置得能够提振士气,要以表彰为主,突出正能量。至于消极的内容,最好不要在年会当中出现。

2)表达愿景

年会既是一个年度的总结大会,也是新一年的展望大会。因此,要表达清晰的发展愿景,树立明确的发展方向,这非常重要。如果员工在年会中没有获悉未来的发展目标与方向,就会感到迷茫,对此,我们可以通过领导对未来的发展规划或未来的新篇章进行演讲,来表达新一年的发展意愿。

3)氛围祥和

任何公司做年会,不管是只有自己公司内部员工参与,还是带有答谢客户的性质,氛围至关重要,千万不要把员工弄得很累很疲惫,这样会适得其反。当下很多公司的员工对于团建多少有些反感,年会这样的活动,如果占用了员工休息的时间,或者是让他们感到疲惫,他们内心就会产生抵触情绪，所以，一定不要在年会设置容易让人疲劳的环节。

2. 年会的策划方法

1）确立目标及主题

首先我们应该明确这场年会是做什么的，想要达到什么目的，是年底表彰、激励团队、强化企业文化，还是联络感情。把年会活动的目的明确下来了以后，我们再来确定活动对应的主题。主题确定之后，就要准备相关的设计及视频等内容。年会主题方向通常有以下几个：①加强团队建设，增强企业文化；②制造欢乐，放松方向身心；③总结过去，展望未来；④聚集一堂，联络感情。

2）确定日期和场地

年会是一个集体活动，所以要提前安排，并合理安排，这样才能保证年会顺利进行。

①确定时间。临近年关，组织年会的公司和企业会很多，同时要考虑到年底的工作任务，合理安排年会时间，并提前确定。

②确定场地。根据企业的类型，确定好主题后，统计企业的人员数量。然后根据主题和人数选择合适的场地，并且要考虑交通是否方便，确保尽可能全员出席。

3）内容策划

有的公司的年会比较简单，只进行工作总结。这种活动最简单了，只需要安排每个人的发言流程并统计发言时间即可，如先是大领导讲话，再是各部门的领导讲话，然后是员工进行总结，最后是领导寄语。但大多企业是以活动的形式举办年会的，并且很隆重，中间穿插着节目表演、游戏环节、抽奖环节、表彰环节等。对于活动形式的年会，要策划好内容形式，便于活动的顺利开展。

①节目表演。除了总结会形式的年会，其他形式的年会通常会有节目表演，如舞蹈、歌曲、小品、相声等。工作中辛苦了一年，年底大家都需要放松一下，所以此环节是必备的，而且节目要提前排练，主要作

用是制造欢乐,让大家放松身心。

②游戏环节。年会是企业的一种集体活动,除了让大家放松,还要有互动和交流,因此可以插入游戏环节,从而增进内部交流,提升公司的凝聚力。

③抽奖环节。在日常生活中,我们可能会买张彩票碰碰运气,其实并不奢望中大奖,即便几十元钱也会让人感觉开心,哪怕没有中奖,也不会失落。年会中的抽奖环节,也是同样道理,员工会对抽奖有所期待,不管能不能抽到,都能提高热情。

④表彰环节。好的企业会有良好的企业文化氛围,并会体现在日常工作中。而年会活动中同样可以体现企业文化,如表彰先进事迹、先进工作者,从而鼓励大家争优争先。

年会活动的环节大同小异,除了以上几个环节,大家也可以根据自己企业的性质进行相应变动。比如,大型企业可能会有子公司,还会涉及嘉宾,所以需要考虑到迎宾入场环节怎样做,是公司高层列队欢迎还是用签名墙,又或者是红毯秀等。根据这个大体思路,把具体的内容从开始到结束一一策划出来,并将其具体的执行内容细化即可。

4)相关物料

举办一场年会活动会涉及很多节目,各种节目都需要准备相关的物料,比如,会议主题的背景设计与制作、海报的设计与制作、视频的制作所需的物料,以及LED电子显示屏、各种灯光、礼品及奖品等。需要做的主要是将活动的物料一一细化并制作完成或者购买,用于营造年会的良好氛围。

接下来,我们就以一场年会的标准,来罗列需要的物料,具体如下。

①邀请函。邀请函可以采用H5邀请函,像易企秀和兔展都有模版,可以增加或删减内容。如果预算充足,也可以采用定制方式,打造专属的H5邀请函。当然,也可以采用传统的纸质邀请函。在电子邀请函大行其道的今天,有些公司"返璞归真"采用纸质邀请函,反而能提升档次,

给人以尊贵感。

②海报、展架。这两种物料在年会活动中比较常见。海报和展架相互配合，装饰性强，展架起固定作用，而海报起宣传作用，如体现年会主题的海报、重磅嘉宾海报、优秀员工海报等，能够将年会氛围拉满。

③拱门横幅。拱门与横幅可以摆放在入场处，横幅也可以在年会的场内四周挂起，以明确主题或是用口号激励士气。

④空飘。空飘可以在较为空旷的场地内悬挂，这样比较醒目，能增添活动的热烈感。此外，在空飘上面可以设计文字标语，营造大气的氛围。

⑤指引牌。指引牌可以布置在会场周边，用来引导参会人员入场。

⑥背景板/签到板。背景板或签到板可以摆放在会场入口，供人员签到使用，以提升参加人员的尊贵感。

⑦伴手礼。伴手礼会让参加人员感觉到被重视。对于伴手礼的选择，可以用公司的产品，也可以定制台历、充电宝、小风扇等与员工工作或生活息息相关的产品。

⑧徽章/胸牌。在年会开始前，可制作带有企业名称的徽章或胸牌，方便辨识。

⑨抽奖券/抽奖箱。用于游戏和活动抽奖，烘托年会气氛。

⑩奖杯/奖牌/证书/奖品。用于年会颁奖，表彰优秀员工或优秀团队，以增强员工自豪感。

⑪画册。可以在年会活动结束之后印一本专门的年度画册，将此次年会的内容也放入其中，作为对企业文化的一种宣扬与传承。

⑫其他。包括电子类的物料，如音乐、视频、LED 电子显示屏主背景；非电子类物料，如串词等。

总之，年会的物料，根据企业的需求可多可少，只要能够满足企业自身的需求即可，不用铺张浪费。

5）宣传推广

一般公司年会的宣传比较简单，主要是通过朋友圈、抖音、快手、公众号等平台传播，当然也可以策划一个抖音活动，让参与者发布年会相关视频，并带上固定的话题，在活动结束三天后进行评奖，这样可以最大化地扩大活动的影响力。比如，发布带有"×××公司年会"及"新年就耀红"话题的视频，即可参与抖音比赛活动，赢取大奖。如果是规模较大的年会，并且外请了重量级的嘉宾，或是带有宣传企业性质的年会，那么在宣传方面就必须重视起来。常见的宣传方式如下。

①行业媒体。基本上各个行业都有自己的行业媒体，公司在策划年会活动时，可以邀请合作的行业媒体亲临现场，进行采访，发布新闻稿。

②大众媒体。有些企业会邀请大众媒体，如腾讯、搜狐时尚、瑞丽等，到年会现场来访，撰写并发布相关内容。

③直播。年会也可以通过直播进行宣传，比如在公司官方抖音号、视频号、快手号等平台，进行实时直播或是图文直播，让行业内外、员工家属，以及相关人员通过互联网观看，以此扩大活动影响力。

6）人员名单与分工

人员名单主要包括主持人、节目表演嘉宾、外请嘉宾等。我们可将活动中所涉及的人员进行分工，明确客人的责任，以及怎样对接都写清楚，这样便于活动有效地推进与执行。

年会活动中常见的人员分工如下。

①活动总负责人。负责统筹整个年会，如果活动较大，可以配以1~3名副统筹。

②礼仪接待组。负责嘉宾及参会人员的接待等。

③搭建组。负责整个活动的物料布展及搭建，包括条幅、拱门、展架、空飘、灯光、音响、LED电子显示屏等。

④道具组。负责整个活动的道具制作及运输，如颁奖时的奖品与奖杯。

⑤表演组。负责整个活动的节目表演。

⑥场控组。负责对整个活动的流程环节进行把控，如领导何时上场、上场时的音乐、灯光、道具如何调配。

⑦摄影摄像组。负责活动的大合影，或是细节抓拍等。

⑧宴会组。负责活动相关人员用餐及分桌等细节。

7）活动预算

组织一场活动要做好预算。而要做预算就要罗列出相关的物料明细，如礼品、奖品、餐饮、酒水、道具等，以此制定合理的预算，并根据预算拟定详细的活动方案。

8）活动总结

在年会活动结束之后，要对活动效果进行评估，制定总结报告，以便下一次活动的规划。

9）注意事项

关于年会的策划，还有以下细节需要注意。

①时间安排。如果内容不是很复杂，建议提前半个月通过网络查看天气预报，避开天气不利的时间段。此外，有些企业的年会会选在周末，从员工的角度来说，这其实很不受欢迎，很多员工是不喜欢公司占用其周末的休息时间去搞活动的，所以关于这一点，活动策划人要考虑周全。

②预算越精细越好，不要超支过多。精细的预算会让公司领导对方案有更直观的感受，如果只是一笔笼统的预算，则难免会让公司领导有所遐想，也难以顺利通过方案。

③年会活动一定要综合考虑大家的年龄层次和喜好，尽量保证设置的环节、节目，能让大家都积极参与和喜爱。假如你在一个年轻人居多的公司里表演戏曲类节目，即使这个节目本身很"硬核"，那么效果也可能会大打折扣。

④要做好活动的安全工作，确保参会人员的人身和财产安全。

⑤在活动顺利结束后，要进行总结、评估和反思，探索更好的策划方案，也可以让大家提提建议，为以后的活动做准备。

关于年会的类型主题、涉及的环节和物料，在此以一个活动案例罗列出来，供大家参考。

活动名称：×××公司2022年度盛典暨表彰大会。

活动主题：热爱，敢向前。

活动目的：对公司在2022年度的工作成绩进行总结，表彰年度优秀部门和员工，提振公司士气，激发员工热情，增强团队凝聚力，同时展望公司在2023年度的发展愿景。

活动日期：2022年12月8日13：00—20：00。

活动地点：皇冠假日酒店。

参会人员：公司全体员工、特邀嘉宾、媒体代表。

活动环节：红毯秀、签到仪式、开场表演、董事长致辞、部门领导发言、员工代表发言、荣誉表彰、抽奖、游戏互动、文艺会演、晚宴、合影。

年会筹备小组：

  总策划：吴梓熙

  总执行：郑华杰、雷俊宇

  成 员：崔普化、王丽萍、李丹、吴扬创、崔国伟、孙守凯、徐芳……

人员分工：

（1）策划组。负责活动的策划与细化，以及开场视频文案、主持人串词的撰写。

（2）宣传组。发布活动通知、撰写及发送邀请函、活动宣传、媒体邀约、会后报道审核。

（3）会场布置组。负责年会舞台、LED电子显示屏、灯光、音乐、红毯、签到背景、喷绘、横幅、签到板等各种材料的设计及制作。

（4）采购组。负责鲜花或花篮的采购或租赁、签到礼品的采购、奖品和奖杯的采购、游戏道具的采购、晚宴的酒水饮料及食品的采购。

（5）摄影摄像组。负责现场摄影、DV 摄像、照相、大合影。

（6）场控组。负责各个环节的排练、领导发言及嘉宾代表的发言提醒、音乐的收集播放、灯光的控制与配合、大屏幕播放内容的呈现等。

（7）节目组。负责外请节目的对接、公司内部节目的安排与确定（可以每个部门出 1~2 个节目）。

（8）后勤组。负责与酒店工作人员的沟通、协调工作，以及安排接送嘉宾及员工的车辆。

相关注意事项：

（1）活动前。

年会开始前，场控组成员必须确保每人持有一份流程执行方案，熟知每个环节的上场嘉宾、音乐、灯光、道具等。同时，要调试好话筒、翻页笔、LED 电子显示屏等设备，并且要确保年会所需物资、负责人、表演人员全部到位。

（2）活动中。

总策划与总执行要对各小组人员再次进行明确分工，保证每项工作责任到人，同时保持联络畅通，以便解决突发问题。

（3）活动后。

年会照片的收集及保存；

年会活动花絮视频的制作；

年会企业内刊或电子内刊的制作；

年会活动的宣传与造势；

年会工作复盘与总结。

7.3 招商会的策划与执行

顾名思义，招商会的主要目的就是通过会议来展示自己的品牌形象、产品政策，以及赚钱的前景，来吸引大家代理或加盟。由此可见，招商会带有很浓烈的销售倾向与商业性质。

通常，招商会除了带有销售性质，也带有一定的宣传性质。很多公司通过一场盛大的招商会，可以吸引很多人关注，包括行业内及行业外的关注。

1. 招商会的特点

1）目的性强

招商会的核心在于招商，在于现场签约客户与达成销售，所以所有的策划都要围绕"招商"这个最终目的，用一切能够刺激客户加盟合作的手段，来强化他们的合作信心。比如，给予他们身份上的尊重与认同，让他们深刻了解产品的优势，让他们看到未来的财富前景，等等。

2）口碑非常重要

招商会还有一个很明显的特点，就是口碑效应非常明显。如果整个招商会做得不好，则很容易在这个行业和圈子内形成很大的负面影响，这对于意向客户的合作，包括在未来组织招商会方面都有很大的影响。反之，如果招商会做得不错，则很容易获得良好的口碑，对于后续的签约和未来的发展都有很大的帮助。所以招商会一定要注意口碑的影响。

2. 招商会如何更吸引人

与很多活动一样，招商会也需要确定会议主题、时间和场地，邀请嘉宾，布置会场，安排抽奖，做好宣传推广等，这是所有活动的共同之处，这里不再阐述，下面我们就从另外几个方面来阐述怎样才能让招商会更加吸引人。

1）邀约

招商会进行邀约是重中之重，如果邀约不到人，也就解决不了招商问题。在现在邀约越来越难的情况下，怎样把人请到现场是非常考验技巧的。传统的邀约方式是通过邀请函或者是上门拜访，或者是通过行业媒体和传统媒体的宣传，而现在很多招商会的邀约方式是通过短视频和直播。

下面罗列一下招商会常用的邀约方式和宣传渠道：**邀请函、邀请海报、邀请视频、公众号、微博、短视频、直播、社群、朋友圈、行业新闻、传统媒体新闻、户外海报、车身广告等。**

2）项目"钱"景，趋势红利

现在招商会之所以能够吸引很多人参加，并不是因为五星级酒店，也不是因为旅游，更不是因为服务态度和人际关系，而是因为你的项目有钱赚，毕竟大家的时间都很宝贵，如果没有钱赚，很多人是不会考虑参会的。"天下攘攘，皆为利往"，有利可图才是大家来到招商会现场的真实目的。

总之，不管是会前的邀约阶段还是在现场，都要提前做好功课，一定要从国家的政策、未来的发展潜力、行业的规模、盈利的前景等方面，全方位地进行阐述和烘托，让大家觉得你的项目很有吸引力，也符合时代发展和未来需求，让大家对你的项目产生财富梦想，这样才有助于招商会的成功开展。

3）放大产品或项目优势

现在社会根本不缺好产品，也不缺好项目，缺的是差异化的项目和产品，即"人无我有，人有我优"的项目和产品。所以，一定要从各个维度去充分挖掘你的产品或项目优势。比如，你的产品有国家政策方面的支持；有科技方面的背书；有人才方面的背书；与市场上同类产品相比，你的产品更有优势；价格、容量规格或是技术参数方面，你有别人不具备的优势。

要想体现出自己的优势，就需要深度挖掘，如果不知道怎样挖掘，就对标自己所在行业内比较优秀的品牌，在他们的优势之上，再进行升级和优化。总之，一定要在招商会现场让大家觉得你的产品是非常优秀的，要能够打动人心，让大家感受到你的产品或项目是有钱赚的。

4）打造培训服务体系

我们经常会看到，有些产品或项目确实不错，但在发展过程中就夭折了，原因就是后续的工作没跟上，比如说培训和服务体系没跟上。其实，有很多品牌的产品、渠道和传播做得都不错，但就是倒下了，原因就是他们的培训和服务体系做得不好。一个产品到了市场上，如果没有好的培训体系，很多销售人员对产品不是很理解，就没有办法把产品的优势、特点很好地传递给消费者，再加上公司的客服及物料支持等都不到位，就会影响整个项目的发展。

由此可见，在会场上一定要对这一块着重强调。有些公司会强调打造五星级的培训和服务支持体系，以此来打消客户加盟的疑虑，让客户感受到自己即将加盟的品牌是有强大的培训和服务体系支持的，这样大家才能放心合作。

5）强化帮扶政策

招商过程中的帮扶政策也是非常重要的。与培训和支持体系有所不同，帮扶政策侧重于针对比较弱势的合作伙伴进行特别的帮助与扶持，这对基础比较薄弱、实力不够的合作伙伴，是很有吸引力的。之前我们给一个客户服务，我们建议他全国帮扶 50 家基础薄弱的新晋加盟商，且每个区域仅限 2 家，这样一方面可以展示帮扶政策，另一方面也可以刺激客户尽早合作。客户听从我们的建议，取得了较好的效果。

6）发布现场独享政策

发布现场独享政策，这在很多活动当中尤其是招商会和促销类活动当中经常用到。顾名思义，现场独享政策就是只有在现场才能享受到的，如果你没来参会，那么是享受不到这些政策优惠的。比如，有些品牌会在现场公布某一款产品的活动现场提货价，如原本是 2000 元，来到活动现场 500 元即可提货。对一些客户来说，这样的诱惑是比较大的，也就使得他们愿意来到现场得到较大的实惠。

这种现场独享政策不是只可以用在产品价格方面，在其他方面也可以体现,比如说对于在现场签单的客户,公司会支持其全年2次系统性的促销活动。

总之,对于现场独享政策,只有来到现场参会才能享有,会议结束就立即失效。这也是为了促进更多的人来到活动现场,促进更多的人能够在活动现场签约。

7) 展示盈利模式

盈利模式是所有参会者最关心的。产品再好,服务体系再完善,但如果盈利模式不够清晰,那么也是会影响客户合作的。所以,在招商会现场,品牌方一定要对盈利模式进行剖析和展示,让大家明白怎样通过品牌方所设计的模式赚钱。

我们曾给一场招商会做了这样一个盈利模式的设计。(因涉及商业机密,这里仅做部分展示。)

我们以一款价值199元的产品作为引子(成本价只有9块),凡是顾客到店即可赠送。当然也会有名额限制,每天仅限30名。通过赠送产品,将客户吸引到店,然后体验产品和服务,进而实现成交。

上述只是其中一项。在顾客进店以后,只要额外缴纳10元,即可享受3次面部护理。表面上看这是铁定亏钱的,但这其实就是为了吸引客户,留住客户。因为很多客户在缴纳10元之后,基本上都会到店里享受3次面部护理,而且每次过来都要预约,我们可以把预约的时间平摊到每周一次,这样她每次来护理的时候,都会多多少少买一些东西回去。而且10元享受3次面部护理,客户也会给其他朋友介绍。如果能再介绍一个客户到店,就可以再免费享受一次面部护理和一个小礼品。当然,最终目的是售卖其他项目服务,进行锁客留客。

最终,这个模式也是非常受欢迎的,很多门店通过这个模式获得了丰厚的回报。

上面只是举了一个事例，盈利模式有很多种。有的是通过会员制，有的是通过代理分销模式等，总之，你要让客户清晰地看到你的盈利模式，让他们觉得这样的模式自己也可以操作，而且上手容易、不复杂，并且有钱赚。

8）树立榜样

榜样的力量是无穷的，对于一个项目，不管你怎么说好，说产品如何好、项目如何好、如何容易盈利，但如果大家没有看到活生生的例子，就还是有所顾虑的，所以一定要树立榜样，最好是请已经合作过的客户"现身说法"，讲述他们是怎样发展起来的。尤其是要找那些原本处于社会底层，后来通过与公司的合作实现逆袭的人，他们的案例是非常能够打动人心的。

当年我们服务过一个做微商的客户，他们每次开招商会都会找曾经是全职宝妈或者是失业人员来"现身说法"，每个人之前的生活状态都是一团糟，但与公司合作之后一步步实现了人生价值。当然，建议大家一定要通过真实的案例打造榜样，要找一些成功的案例来展示给大家，这样才更能打动人心。

9）制造紧张的氛围

当一场招商会所有的工作都已做好，在产品不错、政策不错、服务支持也不错的情况下，依然有一些人还是不愿意与你合作。他们心里可能在想，"我再考虑一下，再观察一下"。对于这样一类人群，就要在现场营造一种紧张的氛围，促使他们加速签单与合作。

我们曾经在一个招商会现场，开设了一个"分秒必争"计划。就是当主持人公布现场政策以后，凡是在100秒以内达成合作的，都会享受一个额外的大礼包并且获得万元现金大抽奖资格。这个100秒倒计时由主持人来喊，每当现场有一个人达成合作，主持人都会大声宣布，如"感谢山西王总正式加盟""恭喜四川张总正式加盟"！凡是有在现场合作的客户,都会填写一个喜报,然后由工作人员将喜报张贴起来,同时旁边还有其他工作人员喊倒计时,再配上现场激烈的音乐,是很能刺激一些犹豫不定的潜在合作者达成合作的。

当然,营造这种紧张的氛围,也需要很多细节上的配合,如音乐、视频、签约海报、喜报墙、抽奖等。总之,一定要让与会嘉宾感受到我们的诚意及他们签约之后所能得到的利益,正如我们现在常说的那句话,"气氛都已经烘托到这儿了,您还不合作吗?"

招商活动现场的喜报墙,也很能刺激人的合作欲望,如图7.1所示。

图 7.1 招商活动现场的喜报墙

10)做好刺激及追加政策

追加政策虽然看上去是现场临时公布的,但在招商会之前其实早已做好,只不过为了吸引大家更多地签单,就会在现场公布追加政策。现场追加政策的目的是让一些已经达成初级合作的伙伴再进一步达成深度合作,以此来增加活动的业绩。需要注意的是,追加政策的设计一定要更具有吸引力和诱惑力。

比如,已经签订3万元订单的合作伙伴,如果现场再追加1万元,就可以享受额外 2 万元的产品福利，这样他总共所能享受到的产品额度就是 3 万 +1 万 +2 万 =6 万（元）。

若追加政策设计得好，是能够带来很好的业绩提升的，而且很容易引起现场的轰动。

11）餐饮住宿

餐饮住宿是比较常规的，通常比较大型的招商会一般会包吃包住，而且住的都是五星级酒店，交通费用也会以产品的形式进行核销，这也是一个比较好的吸引人参加的噱头。

12）旅游

一些大型招商会通常会附赠旅游等项目，这也被称为旅游会销。因此，主办方会选择拥有著名旅游景点的城市来举办招商会。只要你来签约，主办方就送旅游，目的也是吸引大家参会。大家如果有条件，也可以采用这种方式。

13）统计跟踪

统计跟踪主要是指获取现场潜在客户的资料，然后进行跟踪。跟踪一般是在招商会结束当天或者之后不久进行，比如，有一些潜在客户存在观望心理，就跟他细谈一下。这种一对一的跟踪签单方式是非常有效的，因为潜在客户会把自己不太明白或者有疑虑的地方跟品牌方讲清楚，品牌方的工作人员就可以有针对性地进行解答，来化解他的顾虑，强化他的合作心理。

当然，有些潜在客户可能已经回到家里，那么品牌方可以通过电话或者是微信的方式继续跟踪，以达成合作。

14）小贴士

前面我们也提到了一些邀约的方式，那么怎么才能让大家不爽约呢？这里介绍几种常见的做法。

例如，有些企业为了邀约到更多的人，就在所有的宣传渠道上写上"到会即送价值 200 元礼品"，就是为了吸引人参会；或者写上"预交定位费 200 元，现场签到后即退"，这是为了防止有些人报名之后不来；抑或是写上"预交 100 元即可抵 1000 元（或者是 1 万元）"，这样做是为了把人先吸引过来，之后只要对方签单，这 100 元钱就可以当作现金抵扣券用，这也是吸引人的一种方式。

7.4 培训会的策划与执行

培训会也是很多企业必做的一种活动。培训会涉及员工和合作伙伴技能的提升，若开展得好，就意味着企业的增产增效，所以很多企业都很重视开展培训会，有的企业一年策划好几次。有的企业在全国各地开巡回的培训会，目的就是强化大家对产品的认知，熟悉产品特点。还有些企业专门培训手法和技能，这样能够更好地把产品体验优势传递给消费者。

1. 培训会的特点

1）针对性强

培训会的主要目的是提升员工技能，或是培训客户，因此针对性极强。这就要求我们一定要把平时存在的问题罗列出来，然后通过培训会一一解决。虽然有些是解决技能上的问题，有些是解决信心和思想上的问题，但不管哪一种，我们都一定要有针对性，这样才能帮助与会人员达到提升自身能力的目的。

2）专业性强

培训会的知识一般是专业性的，因此在环节和内容的设置上一定要专业。如果老师还没有学员专业，课程没有实实在在的"干货"，那么这个培训会就没有培训的意义了。

3）可执行性

培训会的内容一定要让大家在学习后能够为己所用，能够运用到实际的工作与生活当中。也就是说，一定要能落地执行。

2. 培训会的策划与执行

针对培训会的策划与执行，我们一定要围绕"专业性""可执行"的特点去做具体的工作。下面介绍培训会的策划与执行方式。

1）培训人员的邀约

培训人员的邀约非常重要，因为它决定了培训会的规模与质量。如果是企业的内部培训会，要求没这么高，基本上是只要公司一发通知，能去的基本上都会去。而由品牌方组织的培训会，就要求合作的代理商或者是加盟商来参加，这就涉及人员的邀约，需要尽可能地通过各种手段邀请大家来参与培训。

对于有上进心的人来说，基本上只要是培训，他们都会很积极地参与。但也有很多人对参与培训会的积极性并不是很高，为此我们就需要提供一些利益给到他们，让他们来占这个"便宜"。比如，有些培训会的主办方，为了能让自己下面渠道的合作伙伴和工作人员参与培训，就给他们核销来回路费，还赠送价值 2000 元的产品大礼包等。

由此可见，设计怎样的利益点，就是邀约的关键，要么是培训会有丰富的"干货"，要么是在邀约阶段就放出消息，现场会公布一个大力度的优惠政策，仅限参加培训会的人享有，要么就是培训会有重磅嘉宾到场，传授新的知识。

关于这个利益点，大家可以根据实际情况去思考，不必拘泥于一格。

2）制定培训会现场的激励口号

激励口号在日常的培训当中算是一个标配，很多培训会会在会场布置很多条幅，或者是 KT 板、背景板之类的，上有各种激励性的口号。这些激励性的口号有的是目标型的，如"大干 100 天，冲击 1 个小目标"等；有的是激励型的，如"敢想敢做敢成功"等。

肯定会有人说，一场培训会干吗搞这些口号，显得很低端，我曾经也有类似的看法。后来才明白，这些口号解决的主要是思想上的问题。

只有统一了思想，鼓舞了士气，培训才更有意义。当然，我们并不赞成有些培训会将标语弄得乌烟瘴气，就像传销一样的做法。有必要的话，我们可以精选一些有价值的口号和标语，在现场进行展示。

3）讲师的遴选

既然是培训会，就必须要有培训的讲师。一般培训会的讲师分为内部讲师和外请讲师。内部讲师一般就是公司内部人员，因为内部人员更了解自己产品的特点，知道应该怎样去培训。但是因为很多参加培训的都是长期合作的客户，彼此都太过熟悉，所以起到的效果大概率不会太明显，所以要从外面请一些讲师，毕竟"外来的和尚好念经"，而且外来的这些讲师的各种头衔可以吸引大家参会，同时外请讲师也会有一些新鲜的内容和解决方案提供给大家，这样能够刺激大家学习的积极性。

选好内部讲师和外请讲师十分重要，因为他们代表着这场培训会的"干货"有多少，有时决定着这场培训会的质量上限，甚至一个新鲜的外请讲师的面孔，是能够对培训会的邀约有很大帮助的。

某公司的业务与大健康相关，他们为了吸引更多的人参与培训，就专门邀请了某知名三甲医院的退休中医到现场来讲述与健康相关的内容，结果吸引了非常多的人到现场参与培训。

4）课程设计

培训会的课程就是一场培训会的灵魂，如果课程内容没有"干货"，设计得不够吸引人，不能够解决参会人员的疑惑，不能够帮助他们解决实际工作中所遇到的问题，那么这个培训会注定不会成功。关于培训会课程的设计，一定要因材施教、对症下药，不管是新品培训，还是针对产品在市场中出现的问题进行培训，课程设计一定要新颖、合理，要能够有效解决问题。

某个餐饮公司为加盟商设计了一套培训课程，这套课程就十分有针对性，基本是对全国所有加盟店日常遇到的问题进行了汇总，提炼出大家经常会遇到的问题，然后制作成"终端100问"课程，在现场进行解答和模拟演练。这个课程当时在现场起到的效果非常好，特别容易引起大家的共鸣。

5）分组演练

既然是培训会，主办方肯定希望能实现比较好的效果。很多培训会会进行分组，然后让组与组之间进行比赛，以此刺激大家学习的劲头。相反，如果只是统一培训的话，大家没有竞争压力，就没有上进心，那么这场培训的效果就不会那么出彩。

6）评委考核打分

既然已分组，就必须要有专业的评委来对每个小组进行考核打分，这样做的目的是通过点评指出他们的问题所在。

7）实操演练

实操演练是很多培训会中很重要的环节，比如，餐饮行业的一些培训中，会有人分别扮演消费者、服务员，然后让消费者提出各种各样的问题，以此来考验"服务员"的应变能力和解决问题的能力。如果"服务员"的应变能力不够好，就会有专业的老师进行点评，并且告诉"服务员"遇到这种情况时应该怎么处理。

此外，还有一些实操演练，是与手法或产品相关的，比如，教大家怎样操作一台仪器，教大家美容的手法等。

8）动销话术培训

一场培训会必然会有一些针对性的动销话术或服务话术，这样能够帮助很多参与培训的人员解决实际工作中所遇到的问题。比如，把顾客吸引到店以后，顾客只愿意体验产品却不想购买产品，我们应该怎么做？再如，顾客感觉产品比较好，但迟迟不肯下单，我们应该怎么做？

又如，顾客对产品的功能比较满意，但是说要回去想一想，我们应该怎么做？

面对以上问题，动销话术就显得非常关键了。虽然在培训会的策划方案中，具体的话术不一定由我们来编写，但是这个环节我们还是要进行培训，然后由具体的专业的老师来撰写话术内容。

9）奖惩激励设计

前面已经提到了分组，既然是分组比赛，就会有打分，那么我们就可以根据每天或者是每一节课的具体情况，评选出优秀的小组和优秀的学员，同时也要引入奖惩机制。对于优秀的小组和学员，我们要给予一定的奖励；对于末位的小组和学员，我们也要给予一定的"惩罚"。

很多培训会会在最后一天，评选出全场最优小组和最佳学员或是十佳学员等，同时也会设置很多种奖项来鼓励大家。

我们在策划培训活动的时候，一定要注意设立与之相关的奖惩激励环节。如果获奖了，将会给出什么奖励；如果表现太差，将采取什么样的惩罚措施，如让他们做个俯卧撑或是在台上跳个舞，等等。总之，具体的奖惩措施，大家可以根据实际活动的情况来设计。

10）毕业典礼

毕业典礼是一个很具有仪式感的环节，很多优秀的培训会会设置这样一个环节，给所有参会的人员颁发毕业证书，颁发者一般是企业的领导或者是比较重要的嘉宾。之所以设置毕业典礼这个环节，其实就是为了让大家感受到自己参加这场培训会有所收获和被尊重。因此，可以通过此环节将整个培训会的仪式感拉满。

除了以上10点，会场的布置、大合影及游戏互动环节也是必须的。因为这些基本上是常规操作，所以本节不做具体阐述。对于培训会怎样策划，我们要记住核心原则，就是吸引尽量多的人来到现场，让大家学到真正想学的东西。比如，可以学到实操的技能，或者是纯"干货"的知识，这样他们才会觉得不枉此行，下一次培训会大家才会愿意再来。

7.5 沙龙会的策划与执行

沙龙会不是培训会，也不同于年会和招商会，沙龙会更多的是小圈层的交流互动，是一帮有共同兴趣爱好的人聚集在一起，面对面地沟通交流。与很多大型活动相比，沙龙会更能引起大家的共鸣。能够参加沙龙会的人，一般是极为精准的人群。比如，一个高端的汽车沙龙会，很少会把初入职场的人定为邀约对象。

1. 沙龙会的特点

1）兴趣统一

沙龙会的与会嘉宾都是基于共同的兴趣爱好才走到一起的，他们都是想对某一方面有更进一步的了解，所以才会参与其中，如车友会、美容沙龙、球迷沙龙等。

2）定期举行

成功的沙龙会一般会定期举行，而且很多沙龙会的时间、场地都是固定的，这样才能持续开展。当然，也有一些沙龙会是巡回性的，如在不同的省份巡回开展。

3）私密性

沙龙会一般是小范围的邀请，人员不会很多，因此它的私密性很强，讨论的内容等一般不会被很多外人所知晓。也正因为人数少，所以大家才能更加深入地沟通交流，这样的学习才更为有效。

4）精致化

沙龙会的场地和细节一般都较为精致，追求小而美，给人一种温馨、精妙的感觉，因此在布场上可以向这一块去靠拢。

近几年又出现一种比沙龙会更为高级的活动形式，叫"私董会"或是"私享会"，其实都属于沙龙会的一种。沙龙会突出的是小而美，人员相对较少，会场布置不讲究高大上，但求精致、高级，人与人面对面的沟通交流更有效率。

2. 沙龙会的注意事项

正是基于这种圈层固定、格调精致的特点，我们策划与执行沙龙会时，除了确定主题和邀约对象，一定要注重以下几点。

1）精心布置会场

沙龙会的参会人员相对较少，少则几人，多则几十人，正因为人数比较少，所以很多沙龙会的布置非常讲究，不需要很大型的喷绘、背景板、LED电子显示屏等，很多是通过精致的陈列道具来展现产品或烘托氛围的。比如，摆放花艺、绿植和精致的布展道具等，有的会场甚至会把桌椅都布置得十分考究：洁白的桌布、洁白的椅套，加上椅背花。试想一下，这种氛围其实就很有格调。

尤其是美容护肤类和高端产品类沙龙会，会场的布置格外精致，如图7.2所示。如果沙龙会的布置用一句话总结，那就是"一定要给人一种高级感"。

图 7.2　某沙龙会一角

2）伴手礼及茶歇要精美

精美的伴手礼是很多沙龙会的标配，有些是产品，有些是专门采购的礼品，通过定制的方式印有 Logo，这样能够联络主办方与参会嘉宾的情感。需要注意的是，伴手礼要做得非常精致，不求大但求精。例如，知识分享类的沙龙会的礼品可以是专门定制的与沙龙会相关的文创类用品，如抱枕、日历、笔记本等。

沙龙会的很多茶歇也做得非常精致，如果场地是在星级酒店，那么可以由他们提供精致的茶点，如果不是，则可以从外面采购一些精致的茶点，这也是沙龙会的一部分。

3）分享要具专业性

就内容分享的专业性而言，沙龙会的专业度一般要比大型会议和培训会的高，因为沙龙会人数比较少，如果分享嘉宾的能力不够，就很容易露馅，而且沙龙会会有很频繁的答疑解惑，如果有人提问题，主讲嘉宾回答不上来，就会很尴尬。

所以，沙龙会上邀请的分享嘉宾一定要有足够的专业度，最好是针对这场沙龙会做一个私人定制式的内容。这样既可以分享真正的"干货"，也能让与会者感受到独有的知识私享礼遇。

4）能够引起共鸣

沙龙会不仅要布置得好，而且还要有"干活"。分享的内容不但要具有专业性，还一定要有意义，这样才能够引起共鸣。

人与人之间的情感交流，通常会引起共鸣。沙龙会除了解决专业性的问题，还会促进人与人之间的情感交流，拉近人与人之间的距离，这也是其他活动所不能实现的。毕竟其他会议人数很多，且大家都很忙，没有时间与不熟悉的人进行深入交流。

我们曾经给一个品牌做过一场沙龙会，沙龙会里有一个小环节，就是礼物互赠。主办方提前准备好小礼品，由参会者写些祝福语放进里面，然后随机抽取两个人，互相赠送给对方，这是很多大型会议难以做到的。另一个环节是"帮扶团"，就是现场参会者都可以上台说一下自己所遇到的困难，为了防止很多人不愿意说，每人都必须上台说一个，然后由台下有能力或者是有资源的人帮助解决。这样一来，沙龙会就能起到搭建沟通桥梁的作用。当时这个"帮扶团"的效果非常好，很多人也愿意参加这样的沙龙活动。当然，前提是你所提出的问题一定是有意义的，而不是说别人解决不了的难题。比如，有人说最近家里装修不知道该选怎样的地板，还有一些人会说小孩子要上学不知道该怎么选学校，等等。对于以上难题，台下有经验的人就可以跟他分享。

7.6 发布会的策划与执行

发布会分为很多种，有的是产品发布会，有的是关于未来发展战略的发布会，有的是针对某个事件进行说明的发布会，有的是行业的发布会等。

这里所说的发布会，一般是指产品发布会。与招商活动不一样的是，招商活动侧重于现场签单和吸引客户加盟，而产品发布会很多时候只是单纯地发布产品，公布产品的特点、设计、包装、外观、售价、服务等。一说到发布会，大家脑海中闪现的就是那些大厂的发布会，如苹果、小米、百度、腾讯的发布会。他们这种是比较纯粹的发布会，其实很多公司的发布会跟招商会糅合在一起做，既发布新品，也公布招商政策，等等。

1. 发布会的特点

1）隆重

发布会一般选择在比较高端的场地，如五星级酒店的会议室、体育馆等，整体的舞美打造得都较为高端，仪式感也较强，这样能够给与会嘉宾一些高级感，这种感觉也会被人潜移默化地代入发布的产品中——参会者会认为你的产品也一定很有特色。这就如同初次见面，人们往往靠对方的衣着打扮来判断一个人。

2）目的性强

发布会要么是发布新品，要么是对外释放信息，总之目的性极强。所以我们在策划发布会时，一定要围绕目的去打造，以最终达到我们的目的。

3）技术性强

发布会如果涉及产品展示，那么技术性的呈现就显得至关重要。这就对现场的技术要求较高，需要一些专业的设置或仪器来配合，才能让与会嘉宾更清晰地了解所发布的具体产品。

2. 发布会的策划与执行

1）确定时间、地点

这个是基本的组成部分，发布会的场地一般选择规格比较高或是比较有格调的场地，如五星级酒店、体育馆、展览馆或高档会所等。但是，要在这种场地做活动，一般要提前两三个月，甚至是半年预定场地，如果人数较多，还要去公安局申报备案。

2）会场布置

产品发布会的现场主要是围绕产品本身去做文章，不管是现场展现的形象画面，还是整个舞台的搭建风格，都要与产品相关。

一般来说，产品发布会的布置非常的高规格，因为现场会有很多嘉宾和媒体到来，需要借助他们的力量去宣传品牌，因此会场布置一定会做得高级一些，像LED电子显示屏、灯光、舞美等都是标配。

有的发布会还会针对产品的特点做一些醒目的物料，比如说手机发布会会做巨型的手机模型在现场陈列。

我们有一个客户，是做软膜粉的，它的产品外包装是一个大型的罐子，我们就在现场做了一个两米左右高的巨型软膜粉罐，视觉上非常吸引人。还有一个客户是做芦荟之类的食品的，我们就在现场用KT板做了比较大的异形的芦荟造型，给人留下了很深刻的印象。

图7-3所示为某品牌新品发布会现场所做的产品造型。

图7.3　某品牌新品发布会现场的产品造型

3）内容环节

产品发布会的内容环节基本上聚焦于产品本身，一般来说，主要通过以下几个方面来展现产品的背书。

①企业领导或研发人员。

对于产品发布会，一般会有企业的领导或者是专业的技术研发人员，来阐述产品开发的理念及技术参数、应用价值，并介绍所能给消费者带来的好处，以及它的市场前景等。这就相当于把产品的功能、特点在会场上正式地公布了出来。

②外请的专业嘉宾。

这一类嘉宾主要是为产品做背书，比如说一些做儿童护肤品的品牌，会请专业的医学博士或者是教授来到现场，讲述一下这款产品跟儿童的肌肤有着怎样的关联。

③现场的演示应用。

不管是电子产品的发布会,还是快消品的发布会,基本都会在现场设置演示应用这样一个环节。像苹果手机和罗永浩以前做的锤子手机,他们每次在做产品发布会时都会在现场操作一下新款手机,通过操作的方式来展现产品的黑科技或者优点。一些美容护肤类产品的发布会也是如此,比如,发布一款面膜,品牌方会在现场做一个测试,让一些嘉宾上台,体验新产品,并用专业的仪器来测试这款面膜所能实现的保湿、补水等效果。有的则是现场人手一片,现场体验,并为这个环节取名:千人面膜大体验。通过这种演示及体验,可以让大家很直观地了解产品的特点和优势。

④产品秀。

产品秀环节是发布会经常用到的。在产品有关技术性的内容都公布之后,随之而来的就是产品秀。产品秀就是直观地展示产品,一般是由外请的模特手持产品进行走秀,让大家感受产品的魅力,尤其是一些彩妆品牌。比如,品牌方发布一款眼影或者是一款粉底,一般会通过一场精彩的模特走秀来展示自己的产品,如图7.4所示。

图7.4 毛戈平气蕴东方彩妆新品秀

4）媒介宣传

发布会的媒介宣传和招商会的媒介宣传有很多类似的地方，除了邀请传统的社会性媒体（如电视台）和网络媒体（如爱奇艺、腾讯、微博、抖音等）的工作人员到场站台，有的还会邀请行业性媒体，由他们撰写专业的新闻稿，向整个行业进行发布。除了新闻稿，也可以做现场直播，有的通过行业媒体直播，有的则通过抖音、视频号这样的大平台做直播。当然，如果是一些实力比较强的企业，还会邀请很多网红到现场站台或直播，从而强化整个发布会的影响力。

对于发布会邀约这一块，大家可以参考前文关于招商会的介绍内容，在邀约的对象、邀约的物料、邀约的方式等方面，发布会与招商会大同小异。

7.7 展会的策划与执行

展会的策划是所有线下活动的策划中比较特殊的一个，因为它的场地是在展览馆或者大型体育馆，抑或是一些场地面积比较大的酒店。但凡参展的企业，要么是想通过展会来吸引一些客户加盟合作，要么是想通过展会展示自己的新产品、新形象。

1. 展会的特点

1）吸引流量是关键

一个展位搭建好之后，怎样让大家知道自己的展位，并且驻足观看，这是参展企业一直在思考的。如果品牌方花费很多精力并花了很多钱去参展，而观展的人却寥寥无几，那么品牌方就会面临很大的损失。所以在展会的活动策划中，一定要把引流放在第一位。不管是用场外广告还是用举牌宣传，抑或是发放礼品，只要能把人吸引过来，那就是最好的方法。

2）后续跟进非常重要

展会现场通常人来人往，即使是有意向的客户，很多时候也不会在现场马上就能敲定合作，所以会后的跟进十分重要。一定要趁热打铁，不然客户就有可能会被其他竞争对手抢走。

总的来说，展会的邀约，不同于招商会和产品发布会的定向邀约，展会上的企业基本很少定向邀约人群。除非是已经有意向的客户，品牌方会将其请到展会现场来看，其他观展的人员基本上是被展会品牌方吸引过来的。大家都是对某个行业有兴趣，然后想去看看有什么新的品牌或新的产品出现，才会前来观展。所以，不但要做好引流，还要对客户做好后续的跟进。

2. 展会的策划——参展前

1）展会的宣传

正常情况下，很多企业参展的展位，是在参展前半年就定下了。从定下展位到正式参展这段时间，我们有足够的时间做很多事情，比如，找专业的公司设计展位、开发新品、策划内容、宣传招商等。

展会的宣传主要是通过朋友圈、行业媒体、公众号、新媒体平台、社群等渠道，然后告知大家公司即将参展，欢迎大家关注××号展位，并莅临展位现场。这个时候的宣传主要起到预热的功能。有的品牌参展，还会租用别人的朋友圈来发布内容，吸引更多人来到展位现场。也有很多企业用小红书达人和抖音达人的资源进行发布信息，告诉大家来到展位现场，即有机会领取小礼品并参与抽奖。

如果是预算充足，可以投放抖音、快手，或者小红书的信息流广告。信息流的推送很精准，可以将发布的广告推送给目标群体。

2）展位的设计与布置

展位的设计与布置很直观地体现着企业的风格与文化，一般是由专业的展会公司进行对接，由他们根据企业或者品牌的形象来进行设计，通常会出几个方案，然后从中进行优化整改。展位的设计与布置是非常关键的，只有展位设计得好、外观新颖，以及接待区、产品展示区、洽谈区等空间布局比较合理，才能吸引更多人。

在这里需要提及的是，展位的设计最好不要做封闭式的，如果能做开放式的就尽量做开放式的。因为封闭式的展位会让人有一种压迫感或者局促感，感觉进去之后可能就会被工作人员给"缠住"，大家从心理上会有点排斥感。所以，相较之下，开放式的展位对于吸引人流来说是更有利的。

在展位的设计上，一定要把自己主推的产品或者项目表达出来，而且要重点表达。你可以通过异形的物料，或者是展位上大幅的画面形象等来表达，但切莫贪多，因为什么都想表达的时候，也就没有核心了。

3）内容的策划

这里的内容策划主要是指企业参展将呈现什么内容，或者将呈现什么产品。有些品牌方是把自己的王牌项目展示出来，有些品牌方主要展示自己的模式，有些品牌方主要展示自己的新品。一般情况下，品牌方会把自己的优势产品或者项目在现场进行展示。

这些项目或者产品，既可以通过现场的形象来展现，也可以通过一些物料，如宣传单张、折页、展架、加盟手册、电子手册等表现出来。总之，我们一定要呈现出吸引人的内容，这样才能对客户产生比较大的吸引力。

4）引流的策划

在展会中，怎样才能让更多的人来到自己的展位，是很多企业都要思考的问题。

展位的引流十分关键，除了前面提到的通过朋友圈、社群、抖音等渠道进行引流，我们也可以通过以下方式去引流。

①展会广告。

很多展会会有广告位，我们可以提前跟主办方购买这些广告位，然后在现场进行展示以吸引人气，如图7.5所示。

图 7.5 展馆外场广告

②举牌广告。

我们在展会现场经常可以看到一群身着统一服装的人,举着印有品牌形象及展位号的牌子在展馆内走动,以此吸引大家关注,这也是很有效的引流的方法,如图 7.6 所示。

图 7.6 展会举牌广告

③物料引流。

物料引流也是常用的引流方法，比如，有些公司会在展馆入口处发放印有企业 Logo 的手提袋。大家在领取手提袋之后就会四处逛展，把搜集到的资料放进手提袋中，这个手提袋就相当于流动的广告。因为现场发手提袋的企业很多，有些机智的企业会把手提袋做得非常大，这样很多小的袋子就被装到了这个大的袋子当中。

如果是预算比较充足，还可以购买买菜的那种手拉车，上面印制品牌 Logo 和展位号，因为手拉车比较实用方便，所以很多人会愿意领取。在展会结束之后，他们还可以拿回家买菜用，也相当于给品牌做广告。

④模特引流。

模特引流也是比较好的一种引流方式，如果在现场召集一批颜值比较高的模特，也会吸引很多人在现场驻足观看。

⑤礼品引流。

礼品引流是很直接的一种引流方式，可以通过在现场发放试用装或者是小礼品来吸引人流，以此来提高展位人气。

5）人员分工

因为观展人数众多，所以展位上的工作人员一定要预备够。一般情况下，一个 9 平方米的展位至少需要 2 个人，主要负责迎宾、接待、业务洽谈。在一些大型展位，如 100 平方米左右的展位，则需要十几个人，甚至 20 多个人提供服务，一般分为接待组、咨询组、洽谈组。

接待组负责所有观展人员的接待。一般需要对观展人员进行初步的分类，比如来自哪里、希望做哪些市场，了解清楚后再将观展人员转给具体的洽谈组负责人，这样能为洽谈组工作人员节约时间。当然，接待组工作人员还需要做一些服务性的工作，如递一瓶水或冲一杯咖啡等。

咨询组主要是负责讲解产品的功能，让客户深入了解产品的相关知识。

洽谈组主要负责跟进意向客户，为他们讲解政策、合作加盟的具体流程，并为他们分析产品的市场前景及未来的收益等。

除此之外，展会前的物料准备，以及布展和撤展，都要有专人专责。但不管人员怎样分工，我们在展会开始前一定要做好培训工作，具体人员负责哪些事项、对产品如何讲解、对优惠政策如何讲解等话术类内容，在参展之前都要整理好。

3. 展会的策划——参展中

1）展会礼品

展会礼品是必不可少的东西，既可以是公司的产品，也可以是外部购买的一些小礼品，目的就是吸引观展的人在展位前停留。因为展会现场只要有人驻足，就会看着有吸引力，从而会吸引更多的人过来。

2）资料的准备

资料主要是品牌方日常所用的一些宣传物料，比如说在展位前摆放的一些展架，在接待台处摆放的一些宣传资料、优惠方案文件、登记表、名片等，以及在LED电子显示屏上播放的公司的宣传视频或者产品介绍视频等。

3）展会小活动的策划

展会中的小活动，更多的是抽奖类活动。以前的抽奖活动中，大家是在抽奖箱里直接抽，近几年很多品牌方为了把客户的资料留存下来，就让观展人员通过扫描微信二维码，关注公众号或者视频号，然后进行抽奖。这是非常有效果的吸引观展者驻足的方法，因为很多人就是想领一些小礼品。

当然，如果展位面积足够大，也可以在现场开一场小型的讲座等，由一些专业人士分享"干货"，吸引有兴趣的观展人员。

4. 展会的策划——参展后

1）客户的跟进

展会结束以后，参展方会搜集到很多意向客户的资料，可能有的人是填的表格，有的人是加的微信，参展方要及时把这些意向客户的资料进行分类，然后跟进。现在微信二维码虽然比较流行，但需要注意的是，如果意向客户的资料非常多，最好由多人来跟进，因为每天加微信的数量超过 30 个就会导致微信号被封禁一段时间。

当然，如果有企业微信，就用企业微信去添加，这样能够把意向客户的资料都留在企业微信上，预防因为员工离职而把客户资料带走的情况发生。

这里需要提醒的是，因为展会现场人数众多，参展方没有办法给每一位意向客户详细地讲解产品或者优惠政策，因此就需要提前在微信上把所有重要的资料准备好，一旦有人加了企业微信，就可以第一时间把这些资料发送过去，这样意向客户即使当下没时间看，回去之后可能也会打开这些资料查看。

展会结束后，我们可以把客户的资料进行分类，再度进行跟进。如果有意向的，就可以进一步沟通。

2）媒介的报道

媒介报道也是展会结束后很多企业要做的事情，报道的内容主要是介绍这场展会中公司所取得的成果，然后顺便再宣传一下公司。一般可以自己先写好新闻通稿，然后交给合作的行业媒体或者是社会性媒体进行发布。当然，也可以剪辑成视频在各个平台进行发布。

7.8 ▶ 促销活动的策划与执行

促销活动也是常见的活动，不管是线上促销还是线下促销，基本都是以销售为目的。所以，制定合适的销售目标，可以让我们有条不紊地执行具体的操作。

1. 线上促销活动

线上促销活动基本上是每个做线上销售的活动策划人员都需要了解的。我们要先知道线上促销活动的特点，才能做到有的放矢。

1）线上促销活动的特点

①时间限制小。

线下活动会受到营业时间的限制，但线上活动可以全天候开展，这样可以让更多的人参与进来。

②范围广。

传统的线下活动的覆盖面积一般是方圆几公里至十几公里，但线上活动的覆盖范围广，覆盖群体大，利于不同群体参与其中。

③频次高。

线上活动因为不受场地、物料等因素的影响，所以比线下更容易举办，因此可以较为频繁地举办，有时可以一个月办一次。

④参与便捷。

线上活动的参与方式一定要方便，切勿过于复杂。网络促销活动最直接的就是买赠满减，太过复杂的环节或是促销政策，会让人一头雾水，影响大家参与的积极性。总之，线上促销活动一定要优惠政策明了，简洁易参与。

2）线上促销活动的策划与执行

①确定活动主题。

线上促销活动的主题非常关键，如店铺周年庆、品牌狂欢节、疯狂促销周、工厂直供节等，而具体的形式主要是满减、买赠、买一发 N 等。线上的促销活动，不能只等全年的"618"、"双 11"或"双 12"大促活动，很多店铺日常也会策划很多主题活动，说得直白一点就是，没有活动也要制造活动，没有话题也要制造话题，这样才能吸引大家来购买。

②确定活动目的。

线上促销活动的目的一般比较纯粹，要么是销售，要么是拉新客，要么是品牌宣传。所以我们应该提前明确这场活动主要是干什么的，以方便明确下一步工作。促销活动的目的除了销售和拉新，也可以是唤醒沉睡会员，吸引其下单。

③确定活动时间。

线上促销活动的时间一般以 10 天左右为宜，其中可能包括 1 周左右的预热期，2~3 天的具体活动时间。也有一些品牌方喜欢做 15 天的活动周期，包括 10 天左右的预热期，5 天左右的销售期。总之，促销活动时间不能过长，否则很容易导致大家疲劳；同时也不能太短，否则一些人还没反应过来活动就结束了。

④进行活动宣传。

线上活动的宣传有很多，总体分为站内宣传和站外宣传。站内宣传就是在站内投放广告，以淘宝为例，站内宣传就是参加直通车、钻展、淘宝直播等；站外宣传是通过新媒体平台，如抖音、小红书、快手、微博、公众号等，以及私域社群（也有一些品牌依然会通过群发短信的方式）来告知潜在消费者。

如果活动的预算比较充足，也可以适当地投放朋友圈广告等来吸引大家，或者在活动开始前一两周，通过小红书达人或素人来"种草"。通过在"种草"笔记中植入活动时间及店铺名称来吸引大家来购买。

⑤监测数据。

通过数据，能直观分析一场电商活动的开展是否成功。对于线上活动可以监测流量变化、转化率、跳出率等，通过分析数据，来为下一次活动做准备，看看哪些方面需要优化，哪些方面可以继续使用。

需要提醒的是，在现在讲究社区运营和私域流量的大环境下，要尽可能地把潜在消费者或者是已经购买产品的消费者导流到我们的微信群内，形成固定客户。当然，这就需要我们通过一些小礼品等来吸引大家进入我们的社群。

2. 线下促销活动

线下促销活动是进行现场销售，更多的是通过吸引人气、陈列产品及促销政策等来实现最终的售卖。

1）线下促销活动的特点

①易受时间和环境限制。

与线上促销活动不同，线下促销活动会受到营业时间的限制，所以我们必须在特定的时间范围内做好自己的工作。线下促销也要选好促销场所，比如在门店前或者人流量大的地方，以实现更高的销量。

②人群精准。

线下促销活动一般针对精准人群，比如，化妆品促销针对的主要是女性，母婴类促销主要针对宝妈。因此，它的引流和宣传具有极强的指向性。

③黏性强。

线下促销活动既有简单的买赠，也有免费的服务，比如，到店护理、上门安装等，这就容易让客户二次甚至多次上门。很多线下活动都会建立微信群，用于社群的后续营销，因此黏性较强，同时它的口碑也很重要。因为都是周边的用户，一旦口碑不好，很容易产生负面影响。

2）线下促销活动的策划与执行

根据线下促销活动的特点，我们应该从宣传阶段就精准引流，避免把有限的人力、物力浪费在不需要的群体上。关于线下促销活动应该如何做，下面我们就一步步进行分解。

①进行活动宣传。

线下促销活动的宣传，很多是通过以下方法完成的：传单派发、过街条幅、户外广告、流动宣传车、自行车宣传队、锣鼓宣传队、举牌宣传队、本地公众号广告、本地抖音或快手等。不论采用哪种方式，都要提前做好活动宣传。

②产品陈列及物料摆放。

促销活动中有一个很形象的说法是"货卖堆山"，意思是如果搞促销活动，想重点卖某一款产品，那么它的堆头做得越大越好，因为越显眼就越有吸引力，所以促销活动现场一定要精心布置，把所要促销的产品和助销物料陈列出来，显得丰富热闹一些。比如，卖化妆品送蚕丝被、洁面仪等，这些助销物料都要摆整齐，而且要尽可能多地贴上"爆炸贴"等，上面标明价格等，并在现场重点突出。

同时，现场的舞台、条幅、遮阳伞、地贴、海报、吊旗、充气帐篷、拱门、空飘等，能应用的都尽量应用上，这样能够增强现场的氛围感，吸引更多人流量。

③设置奖品。

任何一场促销活动，奖品都必不可少，所以现场关于奖品的陈列一定要突出。很多人原本可能没有购买欲望，但是一看到你的奖品，且优惠力度够大、值得信任，就会跃跃欲试。

之前我们在给客户做线下促销方案的时候，奖品的原则就是要么体积大，要么价值高，如蚕丝被等，它的体积够大，价值可能并不一定高，但在现场堆个几十个的话，视觉冲击力就会非常强。还有一些活动是抽金条，金条虽然体积比较小，且不宜展示，但我们可以通过一个大型的KT板或者是喷绘来表达出其高价值，并在上面写明买产品送金条。如果安保力量可以保证，就直接在现场用一个透明的玻璃罩把金条罩在里面，这样在现场的呈现会更有冲击力。

④氛围烘托。

促销活动现场的氛围，一部分是由物料营造起来的，还有一部分就是靠现场其他元素营造出来的，如喊麦、音乐等，这个非常关键。很多促销活动会在现场放一个音响，一直播放提前录制好的音频，比如，"买产品送金条，仅限今天，满99即可参与抽奖一次"。

如果可以，最好现场请一个主持人来烘托氛围。比如，只要有人购买了产品，马上由主持人口播"××购买××产品，参与抽奖一次，获得××惊喜奖品"。

说到底，氛围烘托就是为了营造现场比较火爆、热闹的场面，这就是为什么很多奶茶店在开业的时候会找很多"托儿"来排队，就是想营造这种氛围。

⑤销售执行。

当一个顾客进入店里，关于促使他成交的话术和策略，一定要提前培训和演练，而且对于新顾客和老顾客一定要有所区别。比如，新顾客对产品可能没那么熟悉，品牌方工作人员的讲解重点就是尽可能地让他们成为会员，进入品牌方的社群，这样才有机会促使他购买产品。

不管是老顾客还是新顾客，只要他们进店，愿意发关于这场活动的内容，我们都可以利用起来。比如，拍照编辑文字发送朋友圈，即可获得一个精美小礼品。这种真实顾客的裂变宣传，往往比店家自说自话更有说服力。

⑥特殊建议。

所有的促销活动都以销售为目的，在这个过程中吸引更多的人来参与，是我们工作的重心，所以就需要用很多种方式来引客入店。比如，我们曾经让品牌方在外场的促销区和店里面全部贴上"白送"的字样，这样就给客户造成一种心理，店里很多东西是免费送的，从而给他们一种占便宜的感觉。至于这些"白送"的产品，可能就是店里价值感不是特别强，或者是一些因库存较多而需要清库存的产品，以此作为吸引顾客的小物料。

如果店铺装修过于精致，就给人一种高不可攀的感觉，打消顾客进店的想法。因此，在做促销活动的时候，建议放下架子，设计得亲民一些。

有一个品牌，他们在搞店铺活动的时候总是吸引不了太多人，原因就是他们所有的物料都做得十分精美，室内的吊旗、海报都张贴得整整齐齐，给人造成了局促感，顾客便不愿意走进店里。顾客会感觉，即使店家是在促销，进去之后也没什么便宜可占。

针对这种情况，我们就参考了两元店的做法，用大白纸写上优惠政策,诸如"全场5折之类"等。我们当时建议他们不要用设计好的印刷海报,全部改用大白纸或红纸,用手写的方式直接写上优惠政策(见图7.7),比如买多少送多少,买多少可以参与抽奖,而且在整个店里贴得到处都是,故意制造凌乱感,就是用这种乱糟糟的感觉,来减少客户的局促心理,让他们觉得可以来这里挑上一两件产品,并让他们认为这些东西都是他们能消费得起的。

图7.7 手写海报可以增加顾客进店率

为了吸引人气,有些促销活动现场还会安排节目表演,如表演魔术、杂技或是唱歌,这也是非常吸引人的一个手段。

⑦免费体验。

免费体验也是一个比较能吸引人气的环节,能够增加顾客的信任感。比如,你是做化妆品的,现场可以设置一个免费的皮肤检测区。再如,有些药店做促销活动,可在门口摆些桌椅,免费给顾客测血压、测血糖之类的,或者邀请专家给前来的人检查,这都是一种吸引人气的手段。但需要注意的是,所请专家一定要是相关行业内真正有实力的人,否则就有诈骗之嫌。

第8章
4大线上平台的活动策划剖析

随着网络平台的兴起,也催生了很多线上活动,这也是很多公司经常做的。本章主要从常见的4大线上平台——抖音、小红书、微博、社群——入手,讲解这些平台的活动的玩法,以帮助大家了解各个平台的规则及线上活动是怎样策划的。

8.1 线上活动的特点

线上活动是一种基于网络平台的活动,可以多平台发布,受众较广,因此有自己独特的优势。具体来说,线上活动的特点主要有以下几个。

1. 成本低

线上活动的推广成本与线下活动相比是低的,因为它省去了很多物料、物流、场地的费用。现在很多活动都是直接在各个平台上发起的,如抖音活动、小红书活动、快手活动等,都是基于平台开展的,不需要物料费用、场地租赁费,对于人员方面的费用,也可以节约很多,因此受到诸多企业青睐。

2. 覆盖面广

线上活动一般是在几大主流平台发起的,这些平台的流量都非常大,因此覆盖的群体范围较广。一场好的线上活动,所覆盖的人群数量达到上百万都不足为奇。也有一些活动商家会自己创建活动页面，虽然成本会相对高一些，但是覆盖面也是比较广的。

3. 全天候参与

一般线下活动都有时间限制，比如，从早上 8 点到晚上 6 点，最晚到商场关门。但是线上活动可以 24 小时开展，跨度从几天到一个月都可以。特别是线上的一些促销活动，可以方便消费者 24 小时参与和购买。

此外，线上活动的互动性也比较强，基本上每个活动都会有很多人参与、留言、购买，以及沟通互动，效率相对来说也是比较高的。

当然，现在很多公司做活动都是采取线上和线下相结合的方式，用线下的体验来弥补线上活动体验差的缺点，用线上活动的覆盖面广来弥补线下活动覆盖面窄的缺点。

接下来，我们将用 4 个代表性的活动案例来阐述线上活动如何开展。

8.2 抖音活动的策划

因为近几年抖音平台比较火爆，所以很多品牌方做活动都喜欢在抖音上做宣传，或者是直接在抖音平台发起活动。抖音平台因为流量特别大，所以做活动很容易产生极大的传播效应。

1. 抖音活动的特点

在介绍抖音活动的策划方法之前，我们先介绍一下抖音活动的特点。

1）可追随平台热度

抖音因为其用户多，流量大，因此活动的参与面非常广。就拿抖音官方的热搜榜来说，如果某一阶段某个话题比较火，如曾经流行的"图文大赢家"活动，我们就可以紧追此话题，发起"图文大赢家"活动。只要用户参与"图文大赢家"活动，并 @ 我们的官方账号，即可参与活动。这样我们既能得到平台推送的流量，又可以为我们的活动导流。

2)参与便捷

抖音平台主要是发布视频及图文的,也可以带话题发布,平台上几乎所有优质的活动,用户参与都非常便捷(太复杂的活动,人气也比较低)。抖音活动主要是通过点赞或评论数量来评选排名,因此,最好是傻瓜式操作,直接上传视频或图文即可。

2. 抖音活动如何策划

首先,抖音活动一般情况下分为官方与非官方两种模式。官方的活动就是品牌方与官方联合发起定制的活动,比如,之前抖音上比较火的"抖in生活范""抖音新风潮"等,都是抖音官方平台与很多行业的品牌联合策划的,通过一系列的奖品吸引用户上传与主题相关的视频内容,共同达到传播品牌的目的。

例如,珀莱雅品牌之前出了一款泡泡面膜,当时就与抖音平台共同合作,通过"艺人+达人+素人"的方式,共同营造了泡泡面膜的热销氛围,最终实现了品牌的极大曝光量。

与官方平台合作的抖音活动,一般会有较好的流量与曝光量,它的缺点就是成本比较高,毕竟与平台联合是需要一定费用的。因此在实际操作过程中,很多品牌会自己创建活动,常见的就是发起抖音挑战赛。

几年前,抖音的流量一直处于上升趋势的时候,很多品牌就利用抖音发起了各种挑战赛,实现了品牌的极大曝光。例如,蜜雪冰城通过"蜜雪冰城摇摇"的挑战赛,一举成为"网红"奶茶,从而占据了奶茶界的一席之地。而当时它的一个话题视频的最高播放量达到了1亿次,如图8.1所示。

海底捞也是运用抖音做活动比较成功的品牌之一,我们现在通过抖音搜索海底捞,会跳出许多与海底捞有关的话题,其中关于海底捞话题的视频播放量最高的达到了267亿次,这个数字非常的惊人,远远超过了很多电视媒体的传播量。

在小红书起家并快速发展的网红雪糕钟薛高也在网上发起了很多有

趣的活动，吸了很多流量。现在在抖音上搜索钟薛高相关的话题，已经出现了播放量达 26 亿次的视频，如图 8.2 所示。

图 8.1　抖音"蜜雪冰城摇摇"　　图 8.2　钟薛高的相关抖音话题
　　　　话题活动　　　　　　　　　　播放量高达 26 亿次

其实不管是与官方合作还是品牌方自己发起活动，关于抖音活动的策划，方式都是一样的。

1）活动话题矩阵的确立

抖音活动的话题就类似于线下活动的主题，要想让更多的人参与进来，一个有趣且吸睛的话题至关重要。所以，我们要有针对性地本着有趣、好玩、易传播的原则来创建话题，而且话题往往不止一个，通常情况下会有 2~3 个话题。这也就是为什么我们经常会看到有很多人发布了活动视频，在配文的后面会带有两三个话题。不过，如果想更为聚焦，建议只使用一个话题。

以海底捞为例，海底捞发起的抖音挑战活动涉及的话题有 10 多个，其他由普通抖音玩家发起的话题更是多达几十个，其中有几个非常经典，如"海底捞夜宵""海底捞隐藏吃法""来炫海底捞"等，每个话题的视频播放量从几百万次到十几亿次不等，如图 8.3 所示。

对于普通品牌来说，发起的话题一定要有趣，最好能与品牌或产品有一定的关联。比如，你是做体育用品的，就可以策划一个"春跑节"或者

图 8.3 "海底捞夜宵"话题播放量达 10.7 亿次

是"登山大赛"，并拟定与之相关的话题。像曾经比较火的海外版抖音 TikTok，上面的很多视频都是由博主和品牌方共同打造的，品牌方让博主将产品的一些趣味用法植入视频里面，并带上相关的话题来引流。

2）账号矩阵的搭建

一场抖音活动的成功，归根结底是由众多玩家参与，共同形成传播效应而形成的结果，由此可见，让更多的人知道活动并且参与是至关重要的。首先，一定要选择较大的账号来起引领作用，以此吸引更多的普通用户参与。

海底捞曾经发起过一个话题为"海底捞宵夜"的活动，获得了 10.7 亿次的播放量，他的策略就是通过网红、大 V 发布与海底捞相关的视频，并带上"海底捞宵夜"的话题，以此共同炒作引爆该话题。这样一来，自然就会有很多普通消费者跟进发布，形成更大的传播势能。比如，在"海底捞宵夜"这个话题当中，海底捞邀请了拥有几百万粉丝的大 V 账号，有几十位共同参与，最终将这个话题打造成了有 10.7 亿次播放量的超级话题。

我们在做抖音活动的时候一定要注意，在话题确立之后要选择合适的网红作为头部，起到示范效应，最终吸引其他中腰部达人及素人也来参与。

很多人会问，公司没有这么多费用来邀请网红应该怎么办？其实，如果预算不足，我们就建议他们直接以奖品作为诱饵，然后发起话题吸引大家参与。比如说做一场新品发布会，我们就可以发起抖音话题挑战赛，根据点赞数量排名来抽取一、二、三等奖，并且实现线上线下互动，能够形成不错的氛围。

当然，如果你的抖音负责人是一个有趣的人，那么可以到各个大号下面"卖萌"，去"撩"博主。这种做法在抖音上也是有很多很好的先例的。

总之，抖音活动的策划一定要有趣、简洁、易操作、有话题性，然后配上大 V 的示范效应，来吸引普通消费者参与，共同引爆话题！

8.3 小红书活动策划

小红书活动的特点与抖音活动的类似，在此不再赘述。

小红书活动也分官方活动和品牌自有活动两种。对于官方的活动，活动策划人平时可以多关注小红书 App，基本每隔一段时间，小红书就会推出官方活动，如"宠粉计划""城市找茶去""抬头接力企划""春钓

进行时"等,积极参与官方举办的活动,在流量曝光上可以得到平台的扶持。

就拿小红书平台发起的"抬头接力企划"活动来说,官方的活动介绍是这样的:"先抬头,再拍照!请在此时抬头,发现生活中的小美好,用一张照片来共享你的抬头视野吧!抬头拍照,赢大额流量。"如图8.4所示。

它的玩法很简单,就是任意拍摄你所看到的风景,发布笔记,并带上话题"抬头拍照",然后@摄影薯即可参与活动。这种活动比较适合以做自然与原生态为理念的品牌,或是做户外用品的品牌参与。如果你觉得这个活动与你的品牌贴合度比较高,那么可以联合一些达人共同发起带有你品牌的图文内容参与此活动,这将会

图 8.4 小红书抬头拍照活动页面

比一般笔记获得更多的平台流量。

如果官方平台的活动不是很适合你的品牌,那么你也可以自己创建一个活动,比如,某饮品品牌(我们姑且将其称为"象哥"吧)曾经在小红书平台发起过一个活动,叫"城市笑脸计划",具体方案大致如下。

活动时间:2月8日—3月8日

活动平台:小红书

活动规划:拍摄带有笑脸元素的图片,在小红书平台发布,并带上#

象哥城市笑脸计划"的话题,同时@象哥,便为参与活动成功。互动最多的前三名将获得精美奖品……

这种由品牌方自己发起的活动是小红书平台比较常见的,也是比较容易策划的。不管是参与官方平台发起的活动,还是自己创建活动,有以下几点是要注意的。

1. 账号矩阵

一个账号的力量是有限的,与抖音类似,要想让这个小红书活动的人气比较旺,我们可以联合一些大号,形成矩阵的力量,比如,联合拥有几万粉丝、十几万粉丝、百万粉丝的账号共同发起该活动,这样能够利用大号的影响力吸引普通用户参与。

我们服务过一个小家电客户做小红书活动,当时就用了"素人+达人大号"的组合方式去造势,利用这些账号的影响力进行宣传预热。等到活动正式开始时,再利用这些账号发布与活动相关的内容,如此层层递进,最终起到不错的效果。

2. 投流或投放薯条

如果你对一场活动的期望值比较大,想在小红书平台尽快形成影响力,那么可以在小红书平台投放信息流广告,或是对相关的笔记投放薯条进行加热。通过这种付费的方式,能够增加活动的宣传曝光度。

当然,如果只是想时不时地宠下粉,那就可以在自己的账号上定期发布抽奖活动,让粉丝参与抽奖。这样既不用投流,也不用联合达人。这种活动方式非常简单,基本上随便在一个品牌的官方账号上都能找到参考模板。

3. 奖品

不管是什么活动,奖品肯定是必需品,小红书平台也是如此。所以,可以准备些有吸引力的奖品，吸引粉丝参与。

4.时间节点

如果赶上大促活动，那么活动策划就需要更加精细化，因为它涉及的范围更广。一年的时间里会有很多个这样的大促节点，如2月的情人节、3月的妇女节、5月的母亲节、6月的"618"、8月的"818"、"双11"、"双12"、元旦、圣诞、年货节，等等。再算上品牌方自己的店庆类活动，那么一年下来会有非常多的活动。

一般来说，每年最重大的促销节点就是"双11"，下面我们就根据小红书官方发布的"双11"种草拔草商家投放攻略来解析一下。

小红书官方把"双11"前后的促销活动一共分成了4大节点，如图8.5所示。

图8.5 小红书"双11"的4大节点

1）第1节点：9月到10月初的蓄水期

这一阶段主要是测试笔记的内容。如果你的品牌准备做"双11"活动，那么这一阶段可以适当投放一定量的笔记，然后分析哪些笔记的质量比较高，并以此在消费群体中混个脸熟，增强消费者对产品的认知。

这一阶段投放的方式就是笔记，以及把笔记加热的"薯条"。

该阶段官方给出的费用建议是，蓄水期的费用占整体"双11"投放费用的30%左右。

对于这个建议，可以根据实际情况进行调整，因为将30%的费用花在这一阶段，对于一些比较成熟的品牌没有什么问题，但对于一些发展中的品牌或者是新锐品牌来说，这个费用其实是有一点多的。在该阶段，也可以将费用下调至10%左右，因为9月到10月初很多人憋着劲儿等"双11"再购买，所以这个时候只要适当投放基础性的笔记就可以，甚至可以不用"薯条"加热，更何况现在的"双11"受直播冲击，吸引力已经远不如从前。

如果在这一阶段投放笔记,最好是以一些素人和有几千粉丝、几万粉丝的账号为主。笔记数量可以不用太多,每天 5~10 篇即可,不要贪多。

如果你有企业账号,那么可以在企业账号上面做一些优质的笔记,然后进行"薯条"投放,帮助你的企业账号吸粉,为后期的"双 11"卖货打下基础。

2)第 2 节点:冲刺期

根据小红书官方平台的发布,10 月整月都是冲刺期。

冲刺期就是为"双 11"的大卖奠定最后的基础,所以很多费用会在这一阶段消耗掉。这一阶段除了要与达人账号合作,也要通过"薯条"及信息流组合去投放。

这个时间段如果进行达人投放的话,可以按照素人和达人 1∶8 的比例进行投放。

这个比例仅供参考,不同类目的比例可能会有所不同,但在这一阶段原则上是投放少量费用给素人,要把费用多摊到中腰部以上的达人账号上。

另外,在达人的账号选择上也要有所讲究。如果你是做服装类目的,那么可以把本阶段大约 50% 的费用投放在服装穿搭类博主上面,另外 50% 的预算可以用于出圈,方法是找一些美妆类或美食类博主去合作,因为出圈可以覆盖不同层面的"粉丝"群体。

这一阶段的费用,基本上要消耗掉总费用的 30%~35%。

3)第 3 节点:拔草期

拔草期是从 11 月 1 日一直到 11 月 12 日。

这一阶段很多消费者已经蠢蠢欲动,会经常在网上仔细看一些产品,然后通过小红书平台进行比较,来决定自己是否购买。一旦我们的笔记在这个时候出现,就会强化她们的购买意愿,这些潜在消费者就愿意把我们的产品提前加入购物车,等"双 11"活动开始再进行下单。

所以,这一阶段的"种草"一定要刺激她们去下单。我们可以通过少量的素人和一些大的账号组合去投放,数量可以减少,整体的投放方式可以是"笔记+信息流+薯条"的组合方式,费用预算也在整体费用的30%左右。

这个时候的笔记,可以倾向于显露促销活动,比如说发布笔记可以带入类似这样的句子:"据说他们家'双11'也在搞优惠活动。"这样很多消费者在看到笔记之后,就会留意我们的品牌,进而可能会去天猫、京东或者小红书商城上浏览我们的产品。

此外,在销售的同时,可以让客服告知消费者,或者是在发货的时候,于快递盒中放上一个卡片,例如,"如果您愿意将我们的产品分享到小红书平台,凭截图可以领取五元红包福利"。当然,这个金额只是举个例子,实际金额由品牌方自己定,这样也利于品牌的二次传播。

4)第4节点:返场期

返场期在很多人看来已经没有促销意义,因为很多消费者已经在"双11"期间购买产品,返场期作为11月11日之后的这一段时间,热度必然是会下滑的,很多人已经减少了购买热情。虽然如此,但这一阶段我们也不要闲着,这一阶段所有的费用基本上要投放给素人和普通达人,并不需要太多的投入,只要保持基本的热度即可,信息流和薯条可以暂停投放。

关于这一阶段笔记的投放,我们可以搜索一下整体的关键词,看看我们品牌的排名是否能够靠前。比如说我们是做防脱洗发水的,那我们可以搜索关键词"防脱洗发水哪一款好",然后看一下自己的排名。如果看不到排名,则可以适当进行一点加热或优化。

总之,这个阶段只是辅助性的,并不需要花费太多的时间、精力和金钱在上面。

"双11"这个投放策略不只是"双11"大促期间可以用,在别的活动时间,如"618""818"等,都可以作为参考,只不过投放的量适当减少即可,因为这些节日不像"双11"的影响力那么大。总之,我们要根据品牌发展的现状及品牌在小红书上的实际情况来有的放矢。

需要注意，如果我们的品牌在小红书上没有官方商城，为了让消费者知道在哪里购买，我们可以学习其他品牌的做法。比如，有些品牌通过评论区一问一答的形式告知用户购买渠道。举例如下。

A账号在评论区问："请问这个产品在哪里买？"B账号回答："×××旗舰店。"如图8.6所示。这样消费者就会一目了然。有些回答还会直接说"某猫""某淘""某某旗舰店"，以此回避平台的敏感词查询机制。这就是一个简单的引流小技巧。

至于具体的促销是买赠还是其他形式，基本大同小异，从根本上说，在小红书上策划活动很简单，无非就是确定时间、活动内容、奖品、参与方式等，难的是怎样把握节奏，怎样利用账号矩阵共同炒话题、炒热度。当然，如果只是想"小打小闹"，就在自己的账号上玩玩即可；如果想做出好的效果，那么达人矩阵、奖品、投流或薯条加热都属于标配，必不可少。

图8.6　小红书评论区回复引流到淘宝店铺

8.4　微博活动的策划

微博活动是新媒体平台中最先出圈的，也是最为成熟的。微博在历经这么多年的发展后，也沉淀了自己的一批用户，很多品牌最早开始玩线上的活动，也是从微博开始的。

早期微博活动的玩法，主要是通过发起一个话题，配相关图文，然后转发并@三位好友。时至今日，这种微博活动方式依然存在。笔者曾经以一部手机作为奖品，帮助片仔癀牙膏在上市时吸引了数万"粉丝"，并成功入驻了新浪微博品牌馆。那时的微博也是很多营销策划人最为关注的平台之一。

1. 微博活动的特点

1）扩散力强

微博活动操作简单，随时可以发起。微博的传播方式类似病毒式传播，传播速度快，传播范围广，在设置好奖品之后，在转发图文时会让用户@三位好友。这种方式犹如核裂变，能够快速地扩散活动消息。

2）黏性较弱

现在参与微博活动的群体，基本上是为了礼品而转发，所以微博活动的礼品一般要比抖音、小红书等平台力度大。很多人在活动结束之后，会删除之前转发的微博，甚至取消关注活动中的微博账号。由此可见，微博活动的黏性相对其他平台而言要弱。因此，我们在做微博活动时，除了奖品力度要大，时间也要短些，争取在短时间内实现快速爆发。

2. 微博活动的发起方法

1）设计话题、转发抽奖

转发抽奖活动是最为便捷的微博活动之一，很多品牌靠着一部手机就能涨粉数万，而且参与难度很低，能够快速将活动传播开来，这也是早期很多品牌热衷的活动方式。只要设置合适的话题，带上奖品，即可吸引用户关注抽奖。例如，电影《满江红》做宣传时设置了话题"电影满江红"，只要关注"中国青年报"并转发此微博，同时@三位好友，就有机会通过微博抽奖平台获得电影票，如图8.7所示。

第 8 章 ◆ 4大线上平台的活动策划剖析

图 8.7 电影满江红微博活动

有的微博活动的抽奖方式是通过@微博官方平台进行抽取，有的则是通过评论区抽取，如评论区第 7 楼、17 楼、77 楼获奖，而有的则是评论区获赞数量前三名的评论获奖。

2）平台合作

微博平台也有官方发起的活动，只要登录微博，在微博的广告中心即可看到这些活动，如图 8.8 所示。

图 8.8 微博官方平台发起的活动

我们可以根据平台的活动，选择适合自己品牌的活动，点击进去后右侧会出现"预约项目咨询"列表，如图 8.9 所示。这个就是运用官方平台的力量和流量吸引用户参与，它的成本相对较高。

图 8.9　品牌方预约微博官方活动界面

微博官方的这种活动也会和很多艺人、达人、网红、官微联合互动，来为参与的品牌造势。

3）达人参与

微博活动与抖音、小红书中的一样，想要制造一定声量，也是需要一定的达人矩阵共同发声的。在微博上，如果有一个大 V 或是艺人帮助发起活动，可以很快地吸引"粉丝"参与。比如，玉兰油发起的关于淡斑的微博活动，除与官方平台合作以外，也邀请了几十位微博达人共同参与以强化活动效果，如图 8.10 所示。

微博活动的玩法其实比较简单，基本动手实操一下即可学会。有兴趣的读者可以自己到微博平台发起一场活动。

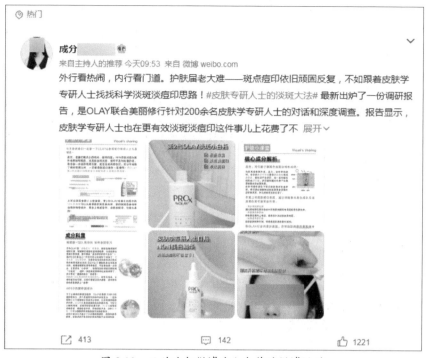

图 8.10　玉兰油与微博达人合作的微博活动

8.5 社群活动的策划

私域运营是一种常见的活动策划方式,很多品牌都建有自己的私域流量池,有很多是通过企业微信来建立很多社群。其中,有些品牌就是通过社群运营的方式做到了年营业额 10 多亿元,可以说是闷声发大财。他们的做法多是把公域流量导入自己的私域流量池中。正确、合理地开展社群活动,是为了留客、吸客,从而产生复购,并不是说把人吸引过来之后,建个群就是做社群。社群的运营看似简单,但如果想保持一个群的活跃度,若没有社群活动加持,则很容易变成一个"死"群。

1. 社群活动的特点

接下来我们先分析一下社群活动的特点,这样便于我们更好地理解和发起社群活动。

1)频次高

为了提升社群的活跃度,防止社群成为一个"死"群,社群活动的发起频率是最高的,多则每天一次有奖互动,少则一周一次。正因为频次高,所以奖品的价值较小,参与难度也非常低,基本上是回答问题或是转发海报到朋友圈即可获得奖励。

2)互动性强

社群是一个私域平台,只要有消息,群成员就能看到,所以只要发布活动,很多人就能看到,如果觉得合适就会参与。在发起社群活动时,往往会配合红包,因此整体的互动性较强。这个也是我们做社群活动时要注意的,一定要想方设法互动起来,让社群变得活跃。

2. 社群活动的玩法

社群活动相较于其他平台的活动而言比较简单,不需要主题也可以做活动。一般来说,就是开展一些有趣味、简单易操作的活动,让用户参与其中,下面我们就介绍一些常见的玩法。

1)红包雨

红包雨是社群活动中最简单、最易操作的活动之一,就是通过发红包的形式让大家去抢,凡是抢到金额最高者即可获得一份小礼品。

我曾加入过餐饮行业的一个社群,当时是因为经常在他们那里吃饭,服务员说扫码进群就送一道菜,我就因此进了他们的群。他们就每天都会在社群里发起抢红包的小活动,金额不是很高,基本上是几元钱,分成20份左右,然后让大家去抢,抢到了就可以免费获得菜品一份。如果不要也可以转让。因为经常做这样的活动,所以这个群的活跃度还是挺不错的,而且会定时发送一些小礼品。一年下来,基本上没有见到退群的。

我们在做社群活动时，也可以采用这种形式，目的是以较小成本留住客户，并形成复购。

2）知识分享

还以上例中的餐饮社群为例，他们除了每天的红包活动，基本上每周还会有一场餐饮方面的知识教学。通过视频号直播教大家做菜，且会在活动的前三天通过一张海报发出通知。海报上面有厨师的形象和姓名，以及所要教的菜品的名字和观看的二维码。这对于想学做菜的人说，是一个不错的方法。

为了让更多人看到他们的活动，他们会在群里发布公告，凡是转发此海报的群成员，凭朋友圈截图即可享受代金券或者是免费的菜品，这种活动还是有不少人参与的，相当于变相帮商家做广告。

一些专门做知识付费的社群，基本上每周都会邀请一些嘉宾进群分享，有的是以直播方式，有的是在群里以一问一答的方式进行。社群活动也是通过提前制作活动海报进行预热宣传，同时在公众号、视频号等发布海报，来提高群员的活跃度及黏性。

3）活动内容

在社群中做促销活动，少不了策划活动内容。好的活动内容，更容易吸引社群成员的关注，并容易形成复购。

我所在的麦当劳的一个群，社群运营做得就比较完善。除了每天定时发放优惠券和相关的促销信息，也经常开展一些小的社群活动。比如春分时节，麦当劳就在群里发布了下面这样一条社群消息：

今日春分"昼夜均而寒暑平"，
忙碌的打工人要注意平衡好工作与生活呀！
趁着莺飞草长，
待在没有天花板的地方，

春游踏青，拥抱春光。

"种草"官和服务官已经轻装上阵啦！

不信就戳头像看我们的春日变装！

诶对了！春游怎么能没有野餐呢？！

点个麦麦【团餐】超方便～

随叫随到，多买多折。

麦粒们知道【团餐】最高可打几折吗？

A 8 折！！！

B 9 折～

（悄咪咪告诉麦粒一个小线索，点击"小程序"→"餐厅地址"→"查看团餐图标"）

答题时只需输入单个选项，例如 A 或 a～

麦麦将从回复的人中抽取幸运儿送出免费【草莓新地餐券】。

具体的答题顺序以麦麦后台顺序为准。

19 点左右公布中奖名单，敬请期待～

每个会员 ID 限领取 1 次喔～～

麦当劳这样的活动非常简单，也易于参与，所以每次都会有很多人积极参与。到活动结束后会发布中奖信息，他们所发布的中奖信息内容如图 8.11 所示。

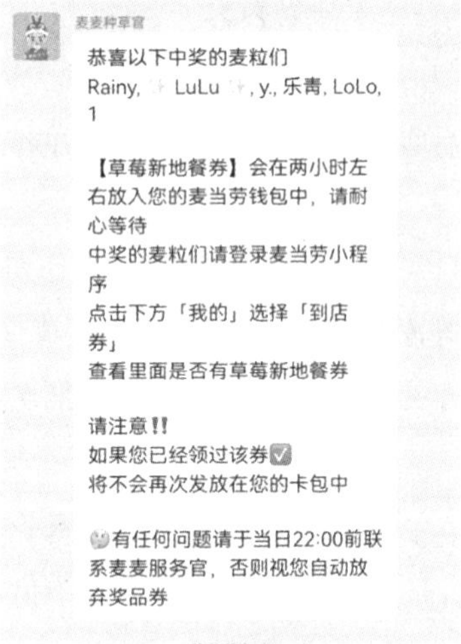

4）活动海报

社群活动的策划并不复杂，但是也需要一定的物料。

一个有吸引力的活动海报，是可以让整个社群活动的活跃度呈现倍增态势的。我们经常能看到各种各样的活动海

图 8.11 麦当劳社群活动奖项公布

报，上面有嘉宾的介绍及知识点等内容，我们可以从中学到很多技巧。

5）活动文案

社群活动的文案分为活动前文案、活动中文案、活动后文案三大部分。活动前文案一般就是活动的预热宣传内容，一般包括活动的主题、嘉宾的介绍、活动的时间和地点、活动的具体内容等信息。当然，有的文案写得非常有诱惑力。举例如下。

小仪器出海第一阶段的三部曲中的第二部曲《玩"赚"红人营销》沙龙来啦！

沙龙正在火热报名中，席位有限，先到先得！

时间：3月23日周四下午1：00

地点：上海新世界丽笙大酒店

点击小程序即可报名参会，与行业内的专家和企业代表交流，探索美妆出海的新路径！

6）礼品

社群活动中礼品必不可少，除了常见的红包，我们还可以设置一些小礼品。礼品既可以是自己的产品，也可以是免单的优惠券。通过转发或者是秒杀的方式获得，也是能够吸引大家关注活动的。除此之外，还要设置引导社群成员分享裂变的礼品，如转发活动消息即送全年的资料，转发活动消息即可获得××礼品。

7）小贴士

社群运营会有一些必备的工具，在这里分享给大家，以帮助大家更好地运营社群，如图8.12所示。

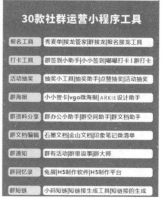

图8.12 社群运营工具一览

8）温馨提示

要做好社群，只靠某一两个社群运营人员，是不容易实现的，还需要一些人来做衬托。比如，请群里一些忠实粉丝来帮忙一起发言，以带动整个群的节奏与活跃度，这样也利于社群的发展与维护。

第9章 实战案例

前面几章主要是讲述了与活动策划相关的技术性的内容，本章将通过实战案例来演示如何成功地策划一场活动，包括招商会、新品发布会、促销活动、沙龙会等，因考虑到实际方案内容非常多，故省去一些无关紧要的内容，希望能在做活动策划方面对大家有所启发。

9.1 招商类——××癀2000人美妆品牌盛典暨招商大会

××癀是国内知名上市公司旗下的美妆品牌，在国内发展多年，线下渠道销量还不错。该品牌想进一步拓展在线下的影响力，扩大在行业的知名度，并招募更大的代理商与加盟店，所以必须通过一场高水准的活动，来展现品牌的实力，以此强化潜在客户的合作意愿。我们为其策划开展了2000人大会，这场活动的时长为一天，内容很丰富，紧紧以国潮为核心，突出品牌优势，而且从权威人士致辞到艺人互动再到抽奖，各环节应有尽有，算是招商活动的标配。

9.1.1 策划思路

这场活动的参加人员多达2000人，算是行业里面邀约嘉宾比较成功的案例。如何让与会嘉宾在一天时间内深入了解品牌未来的发展战略，如何让他们坚信民族品牌是有未来的，我们又该用怎样的亮点将品牌的实力呈现给大家，是我们当时一直思考的问题。

这里就需要回归到原点，从品牌本身出发。我们当时根据品牌的特点总结了以下三点。

（1）品牌历史悠久。算上核心成分的历史，该品牌有500多年历史，这是中国中医药文化的典范。

（2）畅销全球。其品牌享誉海内外，畅销东南亚及日本等国家和地区。

（3）国货美妆品牌代表。近几年"国货复兴""国粹"一直是国家倡导的，也是消费者所追捧的。

通过以上三大特点，我们就围绕其"历史""畅销全球""国粹"几个点去策划。一方面彰显品牌的文化特色，另一方面展示品牌的实力与未来的发展前景。

这个美妆品牌因为历史悠久，不管是文化上还是产品上，抑或是销量上，都有着很多的素材。做活动就怕没有素材，没有素材就意味着亮点的提取会有困难。所以，我们在策划前期，一定要从各个角度来挖掘活动的长处和特点，只要是能展示品牌实力和魅力的内容，都可以在活动中呈现出来。

9.1.2 活动策略

上文提到，我们围绕"历史""畅销全球""国粹"几大点来策划这场活动，但是也需要一个核心点作为活动的主题。前面两个点作为主题均不合适，只有"国粹"最为适合，因为"国粹"是当下时代的潮流，是展示中国文化的自信力量，也是品牌独一无二的魅力优势。在罗列了诸多关于"国粹"的主题后，我们将"国粹新典范"作为了活动的主题。

那么，与国粹相关的元素有哪些呢？其实，与国粹相关的元素很多，比如服饰、妆容、绘画、道具等。而在这场活动中，与国粹相关的元素包括舞美的中国元素、布展的中国元素、道具的中国元素、嘉宾的中国元素、节目的中国元素等。该活动以多重中国元素来呈现"国粹",通过人(嘉宾)、货(道具)、场(布置)来打造我们的国粹之美,这就是当时我们思考后得到的策略。

当我们把所有适合的中国元素罗列出来后,如何把它们整合串联起来,形成一个完整而隆重的会议,就是整个策划方案需要做的细节。对于这种有文化底蕴的品牌而言,嘉宾一定要有文化素养,要能够让来宾在听了嘉宾的演讲之后,感觉自己得到了提升。因此我们圈定了两位在中国文化领域很有名的国学大师,虽然因为档期原因,他们二人没能前来,但替补的国学大师也很有名,这是能够为品牌加分的。同时,艺人不需要太耀眼的,但是要有内涵、有气质,能与品牌特点相符。

另外,活动各个环节的起承转合一定要流畅、有记忆点,为此我们把知名主持人、行业大咖、国学大师、节目表演、艺人公益、颁奖典礼结合起来,让每个时间段都有亮点,力求让活动成为让人回味的经典。

综上,方案预计的最终的人、货、场的呈现如下。

人(嘉宾)——国学大师×××、×××,以中国文化名人来提升整个活动的档次。

货(道具)——与中国文化相关的道具,如纸扇、汉服、国粹元素奖品伴手礼等。

场(布置)——国粹文化长廊、中国风物料布展、中国风舞美等。

9.1.3 策划方案

活动的策划方案包括确定活动基调、主题、核心思路、时间、地点、人员等,以下是具体的策划方案。

1. 活动基调

这是××癀化妆品全新理念"国粹新典范"的盛大传播!

这是××癀化妆品全新形象代言人王艳的首次出席!

这是××癀化妆品聚天下势、成大未来的燃情跨越！

2022年，让我们号召天下群贤，共聚河南，打造一场轰动行业的国粹盛典！

7月，看××癀化妆品国粹风暴隆重巨献！

2. 活动核心思路：国粹新典范

以"国粹新典范"为核心，全面打造一场带有浓郁中国风情的国粹盛典，强力树立××癀化妆品民族品牌标杆形象。

3. 活动主题

文化寻根国粹盛典——2022××癀化妆品品牌战略发布会。

4. 时间

2022年7月××日。

5. 地点

河南郑州。

6. 参会人员

经销商、加盟商、行业专家、媒体、品牌代言人、××癀化妆品员工……

7. 会场布置

1）走廊布置

国粹文化长廊——文化是××癀化妆品超越本土品牌的优势所在，我们要在本次大会上放大××癀化妆品的这一文化优势，强化合作伙伴对××癀化妆品的优势认知！

在入口通道处或通往会议室的走廊处，制作××癀化妆品国粹文化长廊，全景展示××癀化妆品传承500多年的荣耀与企业实力，激发合作伙伴豪迈之情，强化品牌合作信心！

2）形象布置

红色地毯——在酒店大堂入口处铺上红色地毯，并将××癀Logo制作成地贴，贴到地毯上，以此强化品牌记忆度。

8. 签到礼品建议

××癀产品一套。

备选：纸扇一把，上面印有"国粹新典范"及××癀 Logo（7月天气较热，可用到纸扇子）。

9. 主持人建议

梁××，电视节目主持人。以时尚、活泼、亲和的形象受到大众的关注与喜爱，独特的"梁式"主持风格给国内的大型晚会带来一股清新的朝气。获得过广东优秀节目金奖、广东电台季度十大金曲奖、全国主持人金话筒银奖等一系列奖项。

10. 活动流程

1）上午——理性为主

主要内容：企业战略、运营战略。

①商务部领导致辞。

邀请国家权威机构领导出席会议并致辞，阐述国家对于民族品牌的保护与支持方面的内容。

②××癀药业集团董事长致辞。

由××癀药业集团董事长从集团产业方面阐述××癀化妆品的未来。

③××癀化妆品总经理致辞。

由××癀化妆品总经理致辞，讲述企业发展战略、品牌战略等相关内容。

④×××化妆品网总编致辞。

邀请行业知名媒体×××化妆品网总编致辞，从行业角度阐述民族品牌发展趋势。

⑤播放××癀化妆品全新企业宣传片。

将××癀化妆品全新的企业宣传片在会场进行首映，全景展示××癀化妆品强大的企业实力。

⑥发布推广战略。

美妆头条董事长发布××癀化妆品品牌推广战略等。

⑦发布××癀化妆品品牌发展相关政策。

由××癀化妆品市场总监对××癀化妆品相关销售政策进行讲解，同时用大屏幕配合播放电子文件，使经销商对各种政策一目了然，以实实在在的"钱"景打动与会经销商！

⑧高峰论坛。

上午活动以论坛形式为主，以"文化复兴、国粹时尚——××癀化妆品国粹高峰论坛"为主题。

邀请行业专家、行业媒体、××癀化妆品领导、代理商代表共聚一堂，以聊天方式，针对国货复兴潮流，以及国货品牌文化建设等内容进行探讨，将国货××癀化妆品美好的市场前景传达出去！

论坛探讨要点：国货复兴潮流、国货发展前景、国货品牌文化建设、××癀化妆品文化优势、国货与洋货优劣势探讨分析。

嘉宾构成：行业专家＋代理商＋企业领导人组合出击！

核心代理商2位。

2）下午——感性为主

主要内容：娱乐、互动。

①开场表演。

武术：少林寺武僧表演。

武术是中华文化中的经典。少林寺是禅宗祖庭，中国名刹。少林武术更是名扬中外，享誉世界。因此，建议请正宗的少林武僧表演团体，在会场为与会嘉宾呈现一场正宗的武术表演。

表演内容：象形拳、银枪刺喉、腹卧钢叉、五枪刺身、集体九节鞭。

②文化大师纵论国粹。

邀请知名文化学者，以中国文化为切入点，在会议现场谈论国粹，强化××癀化妆品国粹记忆点（新闻炒作点）。

③大师留墨。

可请国粹文化学者在谈论完国粹之后留下墨宝,此墨宝可用于之后的拍卖环节。

④推荐演出节目:河南筝曲表演——高山流水。

⑤产品秀:请几位模特,身着中国旗袍或汉服,手持产品走秀。

⑥艺人相关。

- 艺人出场播放出场视频。可事先剪辑艺人相关花絮,制作成视频,在现场播放,为艺人的出场预热!
- 艺人出场进行现场互动。提前设置一些与××癀化妆品或国粹相关的题目,在会议大屏幕上打出,然后由艺人请现场观众抢答,答对者将获得精美奖品1份,以此强化××癀化妆品的品牌记忆点。
- 艺人真情告白:讲述合作感想,以及对××癀化妆品的祝福。

⑦公益拍卖。

拍卖物品来源1:建议由艺人提供一件有中国特色的物品,如旗袍。

拍卖物品来源2:××癀化妆品提供一件有中国特色的物品,如丝绸。

拍卖物品来源3:国学大师现场题字,如"国粹之美"。

将拍卖所得捐给中国非物质文化遗产公益基金会,拍下的经销商现场与艺人合影!

注:为激发经销商拍卖的积极性,活跃现场气氛,建议××癀化妆品向最终标的得主提供等额零售价值的产品作为回报。

⑧推荐演出节目:杂技。

⑨颁奖盛典之荣誉颁发。

奖励为××癀化妆品做出突出贡献的10位经销商或者团队精英,为其颁发共创国粹荣耀功勋人物大奖。

为了保持活动的连贯性和权威感,我们将效仿金马奖、金像奖等重大奖项的视频形式,制作获奖者个人介绍PPT或视频并在颁奖前播放。

⑩获奖人员为国粹喝彩。

请获奖经销商发言，每人说几句话，为××癣化妆品在未来的发展呐喊助威！

3）晚宴

主要内容：抽奖／娱乐。

①抽取三等奖。

由××癣化妆品高层领导上台抽奖，并为获奖者颁奖！

奖品：iPad。

人数：20名。

②抽取二等奖。

由××癣化妆品高层领导上台抽奖，并为获奖者颁奖！

奖品：苹果14手机。

人数：10名。

③抽取一等奖。

由××癣化妆品高层领导上台抽奖，并为获奖者颁奖！

奖品：万元现金。

人数：5名。

④推荐演出节目：国粹经典——皮影戏（晚宴时表演）。

皮影戏是中国汉族民间的一门古老的传统艺术，它结合了戏剧、音乐等多种表演形式。元代时，皮影戏曾传到西亚、东南亚等地区。这种源于中国的艺术形式，迷倒了国外无数戏迷，人们亲切地称它为"中国影灯"。皮影戏成功申请世界人类非物质文化遗产，这与××癣是国家非物质文化遗产高度相似。

11. 活动整体流程

上午主要内容：企业战略、运营战略。

9：00之前签到；

9：00—9：02　主持人开场白；

9：02—9：10　商务部领导致辞；

9：10—9：20　药业集团董事长致辞；

9：20—9：30　××癀化妆品总经理致辞；

9：30—9：40　××化妆品网总编致辞；

9：40—9：45　播放××癀化妆品全新企业VCR；

9：45—9：55　美妆头条董事长发布品牌战略；

9：55—10：35　发布××癀化妆品品牌发展相关政策；

10：35—11：35　文化复兴、国粹时尚高峰论坛；

午餐。

下午主要内容：娱乐、互动。

14：00—14：10　少林武僧表演；

14：10—15：40　国学大师纵论国粹；

15：40—16：00　发布现场政策（后续洽谈招商）；

16：00—16：10　产品秀；

16：10—16：15　播放艺人出场视频；

16：15—16：35　艺人出场互动；

16：35—16：45　公益拍卖；

16：45—16：55　杂技表演；

16：55—17：15　国粹荣耀功勋人物颁奖盛典；

17：15—17：25　为国粹喝彩。

晚宴：抽奖、皮影戏、艺人见面会（需与当地电视台沟通）。

9.1.4　复盘

因为××癀是主打中国文化的化妆品品牌，彼时市场上很多化妆品走的都是欧美风路线。国内虽然也有主打中国风的化妆品品牌，但不管是实力还是底蕴都无法与××癀相比，因此，在当下国货复兴、国潮兴起的大环境下，我们为了继续拔高其国粹的品牌形象，就以"国粹新典范"为活动主题，打造了一场带有浓郁中国风情的国粹盛典，来树立

××瀍化妆品民族品牌的标杆形象。这样不管是在行业内传播还是在消费者层面传播，都是具有话题的。

1. 主题

招商会或是品牌发布会的主题一定要彰显格局，展示高度，只有将高度展示出来，才会让与会嘉宾感受到品牌的强大实力，从而加深其进一步合作的意向。像××瀍化妆品的主题"国粹新典范"，"典范"一词就足以把高度提升，毕竟敢称"典范"的起码要有实力或是有独特的魅力。

大家在确定这类活动主题的时候，可以从品牌文化入手，并拔高其高度。例如，某护肤品牌是走植物护肤路线的，为了彰显其植物的特色及高度，其会议主题定为"植·耀东方"。既可以将品牌的植物理念展现出来，又以"耀东方"将品牌的高度展现了出来。

2. 元素

××瀍化妆品在确立了"国粹新典范"主题之后，所有的活动环节都围绕国粹去执行。嘉宾邀请了知名的中国文化大师，节目表演也是中国特色的武术和杂技，包括会场的布置，都很好地展现了国粹元素，这也与品牌的国粹文化相贴合。

启示：我们在做活动的时候，呈现的一切内容都要与主题相贴合。如果你想展现产品所含的科技，那么会场的布置、活动环节及物料最好都要做得有科技感。

3. 传播

为了让活动最大化地传播，邀请了艺人到场，并通过公益拍卖环节，增强了品牌的美誉度，这也是活动的新闻传播点。

启示：我们在做活动时，一定要挖掘出可以传播的点。例如，我们之前服务过一个客户，因为没有艺人到场，也没有很大的投入，于是就在现场做了一个很大的鞋子模型，然后现场宣称要申请吉尼斯世界纪录，这就很容易吸引现场观众拍视频并发布在抖音和朋友圈，以及引起媒体的关注。

> 小贴士
>
> 我们在做招商会时,最重要的是要把企业或品牌的气势呈现出来,一定要谨记"气势"二字!有文化底蕴的就展现文化底蕴,没文化底蕴的就展示企业实力,如果实力也不明显,就把优惠政策做大,把奖品做大,这也是举办招商会的一个小诀窍。总之,必须有一个点让来宾记住你的招商会。

9.2 传播类——丹 × 新品发布会

丹 × 水密码新品上市发布会,请了当时的知名艺人安以轩,并邀请了丹 × 集团线下的 500 多名代理商参与,现场还与海洋公益组织蓝丝带达成了合作,同时也邀请了包括腾讯娱乐、网易娱乐等在内的多家媒体报道。这是一场集新品发布 + 艺人 + 公益组织 + 娱乐媒体 + 行业媒体的新品上市活动,并形成了破圈效应,在行业内外都产生了很大的影响力。

9.2.1 策划思路

在接手这个活动时,我们就围绕新品发布会的特点整理了思路。一般来说,新品发布会有以下几个要点。

(1)树立新品良好形象,传播产品特色与卖点。

(2)塑造"钱"景,吸引招商与订货。

(3)在行业内传播,塑造品牌活力与影响力。

当我们围绕上面的诉求去思考活动的玩法时,就会更有针对性。落实到具体的方案上,无非就是主题的创意、搭建的创意、互动的创意、产品特色卖点的表达。

关于主题,要与新品的特点有关联;会场的布置也要与品牌形象或产品系列相吻合,让人一进入会场就知道这是一场怎样的会、这个会将发布怎样的产品;而互动方面也要与产品有关联;在产品的卖点方面,更要将其突出出来。

品牌丹×此次发布的是海洋源萃系列的一个产品，所以从主题到会场布置，再到产品卖点上，我们都围绕"海洋"这个点来塑造其产品价值，进而实现传播，以此吸引渠道与消费者关注。

9.2.2 活动策略

在深入了解了丹×新品（海洋源萃系列）的特点——海洋，为了让大家深刻了解产品，对新品产生强烈的记忆，我们认为，一定要围绕产品的特点打造这场新品上市活动，为此我们做了以下策略。

1. 海洋元素的梦幻呈现

既然这是一场关于"海洋源萃系列"的新品发布会，因此要结合海洋元素来策划，于是我们从签到处开始，如拱门、空飘、背景板、长廊，都运用了蓝色元素去呈现，连模特的服装和现场的灯光也以蓝色为主，目的就是让大家记住这个系列。事实证明，这样的做法确实很有效。当然，最吸引人的就是与海洋公益组织蓝丝带的合作，既让产品有了更强的记忆点，又让品牌的美誉度得到了提升。

2. 对艺人的极致运用

一般的品牌方请艺人参加活动，只是让他们发发言、拍拍照片，但也可以与艺人沟通其他形式的活动。该场发布会中，我们在与艺人团队沟通的时候，尽可能地提出了我们的想法，虽然我们的想法不一定会得到完全满足，但我们只要知道他们哪些是可以配合的即可。为了让活动有更多的话题和更广的传播范围，于是我们提出了个大胆的要求——让其走秀。这种用艺人带领模特走秀的形式，在当时起到了很好的效果。不管是在行业内还是在消费者层面，都吸引了更多的关注。

9.2.3 策划方案

1. 活动概况

（1）活动主题：海洋之约——丹×海洋源萃系列新品发布会。

之所以用这样一个主题,是因为丹×发布的产品是海洋源萃系列的。为了突出产品的特点,故选用了"海洋之约"这一主题。

在拟定活动策划的主题时,我们一般根据产品的特点来定。比如,曾经有一个客户的产品原材料源自海拔 2000 米以上的高山,它的主题就是:顶峰之美,超越 2000——××海拔 2000 米高山源萃系列新品发布会。

(2)会议时间:6 月 23—26 日。

(3)地点:台山碧桂园。

(4)参与人数:约 500 人。

(5)活动目的:丹×水密码海洋源萃系列新品发布及媒体宣传。

(6)主要诉求:海藻精华持久保湿,多种海洋矿物成分,帮助恢复肌肤自身抗氧化能力,令肌肤保持饱满弹润、活力焕采的状态。

2. 活动核心创意与主线

1)形象体验

围绕记忆点"海洋",通过活动环节、人员装扮、现场布置,令大家仿若徜徉于梦幻般的海洋世界,对丹×海洋源萃系列形成深刻认知,如图 9.1 所示。

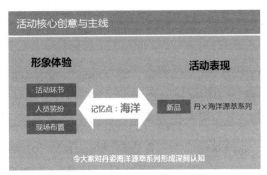

图 9.1 活动核心创意与主线

2)阐述活动主题

丹×新品与海洋有着密切的关系,我们希望通过"海洋之约"这样一个浪漫的主题,以婚礼现场的布置样式,来表现丹×新品与经销商的"联姻"。同时,也希望通过公益环节,来提升丹×品牌的美誉度!

3)活动板块

以海洋为元素,通过与保护海洋的公益活动相结合来发布新品,为新品发布会增加看点与可传播的新闻点,如图9.2所示。

图9.2　活动板块构想

3. 创意,点亮会场

这个新品发布会增加了一个创意点——公益,来点亮活动会场,并以"丹×·我爱大海"公益活动作为启动仪式。

1)合作方式

与蓝丝带海洋保护协会合作,开启"丹×·我爱大海"公益活动,将丹×海洋源萃系列作为公益产品,在外包装上贴上蓝丝带,或在包装盒内放置一张关于蓝丝带的宣传卡片。

同时可向蓝丝带组织捐款,用作保护海洋的宣传经费。利用蓝丝带吸引媒体资源的优势,提升企业曝光率。

2)蓝丝带相关介绍

三亚市蓝丝带海洋保护协会是我国第一个保护海洋的民间公益组织,一直致力于倡导关爱海洋、宣传和普及保护海洋的知识,让更多的人了解海洋的重要性,并树立起"善待海洋就是善待我们自己"的社会公德意识。从小事做起,身体力行,自觉抵制破坏海洋环境的行为,还给海洋一片蔚蓝。

3）"我爱大海"公益活动预热

首先播放"丹·× 我爱大海"活动视频，烘托活动氛围。视频播放完毕后，主持人请集团领导、蓝丝带负责人，分别阐述"丹 ×·我爱大海"活动的内容与意义。

4）"我爱大海"公益活动正式启动

由主持人邀请丹 × 领导和蓝丝带负责人上台，向"我爱大海"四字的玻璃模型内注入蓝色液体，并向蓝丝带公益组织捐赠。

5）空盒/瓶回收兑换

凡消费者在商场购买丹 × 产品后，在公益活动期限内，若将外包装或空瓶返还给丹 ×，丹 × 将赠送其某产品中样一件，以感谢消费者对环境保护的支持。

6）抖音直播/微博互动

开展"我爱大海"抖音直播及微博活动，与消费者互动，由消费者上传随手拍的与海洋相关的视频及照片，或写下保护海洋的建议，由丹 × 抽奖。

通过抖音等平台宣传品牌，与公益组织相配合，提升品牌美誉度。

7）特别活动创意之新品

①蓝光水鼓表演。

女子蓝光水鼓表演大气震撼，能够迅速提升现场气氛。蓝光水鼓所发出的蓝色光芒，以及水花四溅的情景，与丹 Z 海洋源萃系列的海洋元素相吻合。

②新品出场铺垫——诗朗诵。

主持人以诗歌朗诵的形式，在诗歌中带出丹 × 新品的卖点。以诗意的方式为产品的出场作铺垫，为现场增添几分浪漫情调。

③新品出场形式——无人机展示产品。

通过六位模特与六架无人机，携带六大新品，在会场中绕场展示，并最终落到舞台上,由模特取下新品并走秀,最终由安以轩领衔走秀。

4. 现场布置

1)活动现场布置——外景

在通往活动场馆的道路上,以"欢迎见证丹×海洋之约"为主题,放置含有海洋元素的拱门及蓝色空飘、蓝色气球,给人一种别样的感觉!

2)活动现场布置——会场门口

在场馆入口到活动现场中央,设置海洋源萃水通道,整个通道以水蓝色灯光为主,营造出一种海洋的感觉。空中可以悬挂或者投影出一些海洋植物的模型,或以蓝纱、蓝花、蓝色气球、塑料海藻、海星等点缀通道,给人耳目一新的入场氛围。

3)活动现场布置——内部

①以婚礼现场的形式,融入海洋元素。可用蓝色轻纱布、蓝色花卉、海洋动植物塑料模型,以及蓝色灯光布置会场,将其打造成一个亦真亦幻的海洋世界。

②设置 LED 电子显示屏。

③搭建小型 T 台,用于模特走秀等环节,配以海蓝色光影效果,增强活动的动感之美。

5. 活动流程

14:30 之前　　来宾入场;

14:30—14:32　　主持人串场,宣布活动开始;

14:32—14:35　　播放"我爱大海"公益宣传片;

14:35—14:40　　公益活动签约仪式;

14:40—14:42　　捐赠仪式及颁发公益活动证书;

14:42—14:44　　丹×领导发言;

14:44—14:46　　蓝丝带代表发言;

14:46—14:51　　蓝光水鼓表演;

14∶51—14∶54　播放产品宣传短片；

14∶54—14∶59　诗歌朗诵；

14∶59—15∶09　新品出场——"订婚"礼物（伴郎、伴娘以婚礼中同时登台的形式，手持产品，在诗歌朗诵中慢慢走出，极具创意和想象空间）；

15∶09—15∶11　启动仪式；

15∶11—15∶16　产品秀；

15∶16—15∶19　主持人与安以轩互动；

15∶19—15∶50　艺人合影；

15∶50—16∶50　产品体验专场；

16∶50—17∶30　年度合作伙伴颁奖典礼；

18∶30　晚宴。

9.2.4　复盘

1. 有记忆点

"丹×·海洋之约"的活动之所以能成功，主要是在于有记忆点。这个记忆点分为以下两方面。

一方面为蓝色元素的会场布置。全场围绕海洋进行了场景构想，通过蓝纱、蓝花、蓝色灯光、蓝色气球、蓝色空飘、蓝色拱门等物料，将全场营造成了蓝色的梦幻海洋。这样与会嘉宾一进场，就容易被蓝色的氛围给打动，就特别容易形成记忆点。很多参会嘉宾尤其是女性，对于这样的氛围特别满意，感觉很梦幻。

另一方面记忆点体现在两个环节上，一个是公益组织蓝丝带的参与及丹×的捐赠，另一个是将新品通过模特及无人机的形式带出，给人耳目一新的感觉。

启示：好的活动一定是有记忆点的，这可以体现在会场布置和环节上。我们在做活动时一定想方设法让活动有记忆点，若实在没记忆点，就做一个大大的产品模型，这也是一种增加记忆点的方式。

2. 抖音直播

抖音直播也是这场活动的一大特色，毕竟有艺人到场，还是能够吸引很多"粉丝"的。抖音直播能够让更多人观看，同时扩大品牌的影响力与美誉度。

启示：我们在做活动时，一定要利用好抖音等新媒体平台，通过直播让活动出圈，以吸引更多没能到场的观众。

9.3 沙龙类——上汽大众途昂品鉴沙龙

上海大众汽车的沙龙会是笔者和好友王勇飞于2022年策划的一场活动，活动非常成功。它的主要目的有两个：一是让与会嘉宾体验大众途昂汽车，二是与潜在消费者实现互动沟通，在传播品牌影响力的同时助力销售。这场沙龙会吸引了近一百多名嘉宾参与，后续签单销量不菲，所以在此作为一个案例呈现。

9.3.1 策划思路

当时接到这个项目时，客户明确表示，就是要做沙龙会，就是想让邀约到场的嘉宾来感受途昂这款车的性能。成不成交不是第一要求，主要诉求是利用这个沙龙在各个媒体上实现传播。

首先，基于客户的诉求，我们从沙龙会的场地开始着手。沙龙会的场地最为关键，好的场地可以给参与嘉宾带来良好的体验，毕竟沙龙会活动比一般的活动都要高端，特别注重给人带来的体验感。因此我们圈定了合肥诸多具有格调的场地，并最终敲定了合肥某个有格调的木屋西餐厅。

其次，强化沙龙会活动的体验感。参与这个沙龙会的是媒体嘉宾及中产人群，他们对于生活品位的追求还是较高的，因此在会场的布置和细节上,都要让他们感受到尊贵,这样他们也能把这种尊贵体验看作上汽大众途昂所带来的。

最后,这是一场关于汽车的沙龙活动,如果要更好地把途昂汽车推介出去,让大家了解它、认可它,就一定要安排专业的讲解人员,将途昂汽车的性能等优势传播出去,让消费者通过媒体也能够感知途昂的魅力,进而产生购买意向。

因此,我们从"场地""体验""专业"这三个维度来打造这个汽车沙龙会活动,并将传播的要素考虑了进去,争取将其打造成一场有话题、有热度、有传播的活动。

9.3.2 活动策略

沙龙会这样的活动一般讲究小而精,追求的不是人数多,而是兴趣相同与圈层相似。当时我们在接手这个活动时,考虑到主办方是大众汽车,费用方面不成问题,关键是怎样让有车一族人前来参与,怎样让他们在一种轻松的氛围中了解大众途昂,怎样让大众途昂通过这场沙龙会更好地宣传出去,进而产生销量。为此我们当时做了以下构思。

1. 尊贵体验

因为前来参加活动的人要么是有车一族,要么是有意向购买车,而且大众途昂这款车型面对的多是小康家庭或是小有成就的人,这些人对生活是有一定追求的,所以一定要通过现场的布置和环节等细节让他们感受到尊贵体验,也借此加深他们对于大众途昂的好感。为此我们当时在布置上做了很多细节,如选址在很有格调的木屋西餐厅,签到时的精美汽车模型、红酒/雪茄品鉴会、西餐晚宴等,处处都能让来宾感受到尊贵。

2. 专业品鉴

车型亮点讲解与静态展示、自由体验多种道路试驾。

围绕途昂车型的市场推广、潜在客户群特点,组织关键意见领袖(Key Opinion Leader,KOL)进行座谈磋商,提炼思路作为市场活动指导,促成品牌与目标受众之间的立体、深度的情感交流。

借助省内汽车、自驾旅游、综合类 KOL 的影响力,扩大品牌在圈层内的美誉度、好感度。

3. 破圈传播

①本次沙龙会精准锁定主要目标群体:KOL 圈层。

首先,邀请安徽区域知名 KOL 参加品鉴会,在传播途昂车型亮点的基础上,请 KOL 试驾体验、座谈交流。其次,直接接触 KOL 个人,通过深入沟通了解市场动向,辐射 KOL 朋友圈、受众层。

建议邀请的 KOL 类型:汽车类、生活类、旅行类等。

年龄层:35 岁以上为主。

②本次沙龙会精准锁定重要目标群体:竞品(一汽大众、美日韩车系)老车主。

第一,邀请有置换途昂意向的竞品老车主参与沙龙会,切实感受途昂各方面的优势,提升竞品车主的尊贵感,加深其对途昂的体验,扩大竞品车主圈层传播。

第二,给竞品车主更尊贵的感受——抓住时机试驾交流,促进置换成交——促使竞品车主主动传播品牌正面信息。

正常的沙龙会很多是私密性的,这虽然是一场汽车沙龙,但也具有一定的传播产品的使命,因此在嘉宾的选择上,建议主办方除了邀请专业的汽车类媒体,也邀请一些美食类、旅游类、生活类的媒体和达人,这样可能破圈,辐射更大的人群。事实证明,这样做确实让更多的人知道了大众途昂这款车型。

9.3.3 活动策划方案

1. 活动主题

根据活动目的,设定活动主题为"昂首人生,途由我掌——上汽大众 Teramont 途昂高端品鉴沙龙"。

这个活动主题主要借用品牌的名称，拆分开来，并赋予其积极向上的意义。这一类活动主题的取法，大家也可以借鉴，既能巧妙植入品牌名，又可以传递品牌正能量。

2. 活动地点

合肥×××木屋西餐厅

3. 活动时间

3月29日

4. 活动形式

沙龙品鉴会

5. 嘉宾邀约

16位KOL；34位（一汽大众、美日韩）老车主

6. 车主邀约

（1）年龄为25~40岁的男性；

（2）月收入为2万~5万元；

（3）大专以上学历；

（4）个人经营者为主。

以上述条件选出一汽大众及美、日、韩车系车主共计34人。

7. 媒体及KOL

选择汽车类KOL 8人，综合类KOL 12人，高校讲师1人（名单确认后，最终选出16人）

1）美食类

××吃货哥——美食类微信公众号；

同程旅行——旅游类微信公众号；

安徽爱游——旅游类微信公众；

××合肥——生活类微信公众号；

合肥生活通——生活类博主；

……（由于篇幅不再一一列举）

2）资深编辑

新浪网——旅游类（版块主编）；

太平洋汽车——汽车类（论坛资深版主）；

搜狐汽车——汽车类（版块主编）；

汽车之家——汽车类（论坛资深版主）；

易车网——汽车类（论坛资深主编）；

合肥万家热线——汽车类（版块主编）；

合肥论坛车朋满座——汽车类（资深主编）。

8. 线上传播

全面调动参与活动 KOL 的积极性，整合 KOL 自身及其任职媒体的数据资源；宣传报道活动本身的同时，传播上汽大众车型的卓越品质。建立智库沟通群，提前组织并建立上汽大众和 KOL 的智库沟通群，制定长效、持续的沟通模式。

1）KOL 代言途昂

拍摄 KOL 代言途昂宣传视频，在抖音、公众号、微博进行线上宣传，借助 KOL 的权威性提升品牌形象。

2）媒体朋友圈

在试驾、品鉴会过程中，利用互动等形式促使 KOL 进行朋友圈传播。

3）媒体报道

活动后期以资讯报道、试驾日记、沟通心得等形式传递活动信息。

9. 线下执行

1）途昂试驾＋踏青（上午）

组织 KOL、老车主选择城市环山道路、绕城高速进行试驾体验，通过 KOL 的正面影响力强化途昂的品牌形象。全程利用高清摄像机、无人机来拍摄试驾、踏青的视频和照片，由 KOL 为途昂代言，进行后期传播。

2）途昂品鉴+KOL 分享（下午）

邀请内训师对途昂进行车型讲解；KOL 根据各自行业有针对性地进行思路分享，为途昂认知度及品牌影响力的提升献言献策。

3）红酒品鉴＋西餐晚宴（晚间）

邀请专业品酒师讲解红酒品鉴知识，针对不同性别、不同年龄段进行红酒推荐。定制西餐晚宴，加强媒体、KOL 与上汽大众品牌的情感交流。植入途昂车型元素，将趣味性融入晚宴，促使嘉宾分享传播。

10. 沙龙议题

针对综合类及汽车类 KOL 的专业知识，结合途昂车主画像和市场活动中遇到的需求，设立参考议题如下。

（1）《中等收入家庭需要怎样一款 SUV》（最终确定该议题）；

（2）《SUV 市场趋势与对策》。

邀请汽车类 KOL 综合市场数据和"粉丝"反馈，并结合途昂及竞品潜客的特点，给出 SUV 市场活动中的趋势与对策。

11. 试驾路线

1）绕城高速试驾路线

合肥体育中心—上绕城高速—高速试驾—大蜀山森林公园，全程 20 公里高速试驾体验，感受途昂高速驾驭强劲动力。

2）城市环山公路试驾路线

安徽大剧院—徽州大道—玉兰大道—城市道路—环山路—环山道路，全程 25 公里城市道路＋环山公路试驾体验，感受途昂全时四驱、自适应动态悬架、丹拿汽车音响等高科技车况。

12. 执行流程

（1）3 月 9 日邀约媒体，告知活动主题形式，媒体提前准备活动品鉴会沟通资料（PPT、视频等）。

（2）3 月 19 日同媒体确认活动进度、开始搜集资料。

（3）3 月 16—21 日拍摄 KOL 代言途昂的照片。

（4）3月22—28日发布KOL代言途昂微信传播稿+活动前一周预热（7天KOL代言微信倒计时宣传）。

（5）3月29日安排如下。

09：20—09：40　KOL抵达×××木屋西餐厅签到；

09：40—10：00　集合，主持人宣布品鉴会活动流程和试驾路线（签署试驾协议）；

10：00—11：00　城市环山道路试驾；绕城高速试驾；

11：00—12：00　返回×××木屋西餐厅，蜀山森林公园踏青合影；

12：00—13：30　自助午餐；

13：30—14：30　午休；

14：30—15：00　KOL发言；

15：00—15：30　品牌讲师进行车型亮点讲解，解答试驾过程疑问；

15：30—16：00　理论型、实际型KOL单独演讲；

16：00—17：30　所有KOL发言、座谈；

17：30—18：30　自由活动；

18：30—20：00　红酒品鉴，西餐晚宴。

（6）返程。

13. 活动物料

活动前将需要的展示牌、长条桌、贵宾椅、投影仪、移动式音响、PVC雕刻字、背景板、拉网展架、大刀旗、地毯等准备到位。

活动前的礼仪小姐、主持人、活动执行人员、摄影师、摄像师、餐饮服务人员等应提前就位，并准备好相应物料。

9.3.4　复盘

1. 格调精致

沙龙会走的是高端或精致路线，像上汽大众途昂的这场发布会，从地点的选择、会场的布置，到人员的邀约，都透露着活动的精致与高端，能让参会者感受到尊贵。像红酒品鉴与定制西餐晚宴,能够很好地激发嘉宾的分享与传播欲望,这也是策划沙龙会的一个思路——做有分享欲的沙龙会。

启示:我们在开展沙龙会这一类型的活动时,一定要把活动现场布置得精致,哪怕活动规模不够大,但一定要精致,通过细节来提升活动的魅力。例如,从桌子上的花艺、别致的点心、精美的伴手礼等细节入手,让与会嘉宾感受到是置身于一个有格调的活动当中。

2. 人员邀约

上汽大众途昂的这场沙龙会的邀约人员非常精准,把目标锁定在了具有购买力的潜在客户及意见领袖上。这种精准的人员锁定,不仅能带来销售额,还能在传播上帮助品牌产生更大的声量。

启示:我们在做沙龙会时,不用追求大而全,但一定要追求小而美,在人员的邀约上一定要精准而有质量。精准锁定目标人群,大家聊天更容易同频,更容易有共鸣,也更能产生良好的互动氛围。

> **小贴士**
>
> 沙龙会一定要精致,我们在做沙龙会的时候,要更多地注重细节,注重人与人近距离交流的舒适感,切忌咄咄逼人。同时沙龙会可以让与会嘉宾自愿分享,这种情况下的分享会更有价值,当然,如果能提供精美的伴手礼与茶点,就更完美了。

9.4 促销类——欧 × 促销活动

这是给国内很优秀的零售品牌欧 × 所策划的促销活动,也是非常全面、完整的,算是非常能带货的促销活动。很多品牌都曾现场观摩过,目的就是希望从中获得一些经验,毕竟一场活动可以做到超过百万元的业绩,是很多品牌难以做到的。细说原因,还是要归功于品牌方给力,执行到位，前期宣传到位，现场氛围也营造得好，所以才成就了一场尽善尽美的促销活动。

9.4.1 策划思路

促销方案是所有活动策划案中最讲究功力的，如果只是纸上谈兵，促销方案是没办法落地的，而且终端门店要的就是通过方案看到实实在在的人流量和销售额，所以我们要实地走访一些门店，并观察他们是怎样做促销活动的。针对这场促销活动，我们整合了近十家门店的活动，然后取长补短，形成了最终的方案。

1. 引流至上

促销活动中什么重要？自然是人流量。如果没有人流量，哪怕活动力度再大也起不到促销目的。因此我们认为，前期把人吸引进店是最为关键的。为此，我们可以调动能调动的一切资源，比如通过传单、条幅、游行队伍、公众号、抖音同城全方位引流，虽然有些门店没这么强的实力去做投放，但从中挑选几种方式也可以。不管怎样，把人吸引进店是首要任务。需要注意的是，不要让进店的人有局促感，一定要想方设法降低他们进店的心理压力，这样才便于后期的产品销售。

2. 营造氛围

促销领域中有一句行话，叫"货卖堆山"，意思是指只有将货物摆成堆头，大量呈现，才更好卖，因为它会给人一种热销的暗示。所以我们一定要将主卖产品的堆头打造好，以便于我们介绍和销售产品。

3. 让消费者占便宜

所有成功的促销活动都是因为满足了消费者占便宜的心理。例如，天猫的"双11""618"活动，都是通过产品的低折扣或是大量的买赠才实现购物狂欢的，这个逻辑同样适用于线下促销活动。因此，我们要把一些非主卖品的价格设置得足够吸引人，比如使用"进店一元购""白送"这样的促销语，就是为了让顾客觉得自己占了便宜。我们在策划促销活动时，只要让消费者感觉自己在某方面占了便宜，他们就愿意为占便宜的行为买单，这样才能让促销活动更加成功。

9.4.2 活动策略

1. 让利

在促销活动中，让利主要分为两种，一种是免费送，另一种是大优惠。不管是哪一种，都是为了让利给消费者，吸引他们进店。为此我们使用了"白送"策略并设立了免费的体验区，用于给消费者免费修眉、免费检查皮肤及免费试用。这种方式不管是用在什么促销活动中都十分管用。

2. 降低心理压力

有的时候，有些活动做得不好，不一定是因为让利不够大，也不一定是因为产品不够好，也可能是因为促销现场给大家一种高不可攀的感觉，会给大家造成比较大的心理压力。这样就会导致很多人路过但不进店，因为他们觉得里面的东西自己消费不起。

而做得好的促销活动，有些促销现场看起来乱乱的，尤其是两元店。大家都敢进，是因为他们用白纸手写了价格，大家都觉得自己能够消费得起，就不会有心理负担。

借鉴这种方法，我们当时用的策略之一，就是降低消费者进店的心理负担。我们当时把品牌方提供的印刷精美的促销海报给否决了，然后买了一堆白纸，直接手写价格及其他优惠，而且故意把现场弄得乱乱的，让大家感觉这个店的促销力度一定非常大。

3. 礼品视觉呈现

促销活动中不只要货卖堆山，奖品的摆放也要如此。很多促销活动会把奖品的陈列做得非常大，比如，一整排的电动车奖品、一整排的拉杆箱奖品，这种摆放方式能够营造非常好的氛围。

因此，在这场促销活动中，我们当时建议品牌方把产品堆头和奖品堆头都做得非常大，非常醒目，这样大家经过时，看到这么多奖品也会心动。即使当时不想买，可能也想进店看看。更何况现场还有免费的体验区，就算不买，多一个人在现场，也能让其他顾客觉得这家店很热闹，从而吸引他们前来。

9.4.3 策划方案

1. 活动主题

活动的目的是促销，根据活动的目的，我们确定活动的主题为"嗨购到底！欧×豪礼送送送"。

之所以确定这个主题，就是为了带货，一切基于销售目的出发。"送送送"三个字看似简单粗暴，但能够击中消费者爱占便宜的心理。整个主题也能够让消费者一目了然，知道买该品牌的产品就能享受到好礼。

2. 活动周期

本次促销活动的周期为3天。线下促销活动的时长一般以3天到7天为佳。若时间太短，宣传效应达不到；若时间太长，不仅资源不够集中，而且人力、物力牵扯得过多，也不容易激发消费者购买的紧迫感。这点我们在做促销活动时应当注意。

3. 活动建议

活动以"免费送"为引客入店手段，但在主推产品、优惠政策和店内宣传的布置上要有所区分，目的是持续保持顾客对活动的新鲜感，会员或新顾客在3天活动周期内仅拥有一次免费领取产品的机会。

之所以建议设置会员或新顾客在3天内仅有一次免费领取产品的机会，一方面是为了防止有人多次免费领产品，另一方面是为了增加他们的紧迫感，让他们不要错过这次好机会。这其实是一种心理策略，在做其他促销活动时也可以采用类似的方法。

4. 目的

（1）扩大品牌在当地在影响力；

（2）提升品牌销售额；

（3）以高销售业绩打造品牌在行业内的影响力，进而吸引潜在门店加盟合作。

5. 宣传方式、手段

1）常规宣传

①单张派发——在人流量较大的地方发放单张宣传页，这种传统的方式对于门店促销还是有很大帮助的。

②电话/微信预约会员——用微信消息通知微信好友或私域社群内的顾客，对于优质的会员也可通过电话方式预约告知，以此吸引其到店。

③本地生活类抖音号投放——在活动开始前7天，在当地抖音号投放广告，力求覆盖更大的消费人群。

④本地公众号宣传投放——在公众号发布活动消息，覆盖本地同城的消费者，吸引有意向的消费者关注活动，并到现场参与。

⑤同城号视频投放——覆盖本地同城的消费者，吸引有意向的消费者关注活动，并到现场参与。

⑥流动宣传车——设置1~2辆流动宣传车，在活动前1天在本地城区主要街道进行流动宣传，吸引大家眼球。精准覆盖人流较大的区域，以及偏远的乡镇。

⑦悬挂过街及绿化带横幅——在城市中央绿化带悬挂横幅是很实用的宣传形式，条件许可的情况下也可用于活动宣传！此方法可精准覆盖主要街道路过的人群。（要提前向城管报备。）

2）特殊形式

①自行车宣传队——集趣味性、传播性于一体，容易吸引人群关注。在活动开始的前一天，组建20人左右的自行车宣传队，在自行车上绑定旗子，在城市主干道进行巡回宣传，制造轰动效应。

②举牌宣传——这种方式集趣味性、传播性于一体，适合人流量大的区域。在活动开始前一天或当天，组建10人左右的举牌巡游队，在人

流量较大的步行街和商业广场游走,吸引人群注意。

③三轮车宣传——可选一些特定路线,骑着三轮车播放活动广告,以扩大宣传的面积。

6. 宣传时的注意要点

①单张派发。活动开始前1~2天派发单张宣传页,顾客凭宣传页到店可领取"白送"的产品。

②派发场地的选择。选择人流量集中的商业广场、步行街、店面周边居民区等,可根据实际情况调整。

③派发人员安排。1~4人,每人每天派发500张左右的宣传页,可配合试用装一起派发,提高人们对单张宣传页的接受度。

④派发对象:16~50岁女性。

⑤电话或微信预约会员。再次提示会员或新顾客在3天活动时间内仅拥有一次免费领取产品的机会。在活动启动当天早上通知会员领取礼品,以此激发客户到店的积极性。

⑥成交宣传。

一旦有大单客户成交,在征得客户同意的情况下,拍摄客户及产品照片并配上文字,在朋友圈、社群、抖音等平台发布,更利于吸引其他意向消费者或是意向加盟客户。在3天活动时间结束后,可将3天的销售金额制作成喜报进行公布,更利于制造影响力。

7. 活动中的陈列和布置

1)活动陈列特别说明

考虑到整个活动执行的方便性与可操作性,整体的陈列和布置上基本采用同一物料,并统一形象、统一陈列、统一传播,利于后续制作图文及视频进行传播。

2)外场布置

①物料:拱门、充气帐篷、太阳伞、气柱、刀旗、地铺、魔方盒、主推产品模型、促销台、电视机底座、贴纸、赠品堆头陈列、体验区陈

列、倒计时牌。

②个性物料：地贴、政策立牌、易拉宝。

③赠品堆头。赠品的选择要以实用和陈列体积大为准则，如蚕丝被、拉杆箱、电饭锅、抱枕、时尚女包等。现场陈列面越大，吸引力越强。

④热卖产品堆头。

⑤现场活动音频或喊麦（此处须配备音响设施）。

⑥设置体验区，摆放 5 ~ 10 张凳子并配备水分测试笔，为消费者修眉、提供试用品、检查皮肤、介绍政策、介绍产品等，促进交易。

外场布置的区域平面图如图 9.3 所示。

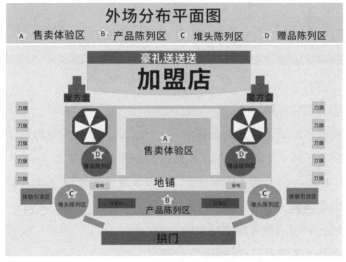

图 9.3　外场布置平面图

3）活动陈列之店内布置

①背柜区前台陈列：建议活动期间撤下其他活动的终端品牌前台产品，统一陈列欧 × 促销活动主推产品。

②礼品推头：产品陈列与赠品陈列相结合，直观突出赠品的吸引力。

③产品堆头：根据店内空间设置 2 ~ 3 个套盒堆头。

④产品区陈列：可选择性地陈列欧 × 主推产品套盒，加大品牌陈列

面，强化品牌活动氛围。

⑤体验区：在店内摆放 5~10 张凳子，通过为消费者修眉、提供试用品、检查皮肤，进而让消费者坐下来，介绍政策、介绍产品，促进交易的有效达成。店内布置的平面图如图 9.4 所示。

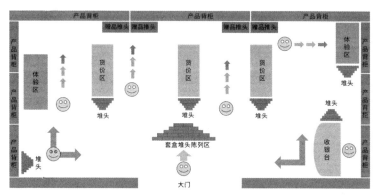

图 9.4　店内陈列布置平面图

8. 引客进店策略

引客进店是销售达成的关键一环，因此引客进店策略的设计对促销活动的成功起到了关键性作用。我们的引客进店形式如下。

（1）白送。会员凭宣传单进店，免费领取价值××元的产品，非会员免费赠送价值××元的产品。

目的：利用消费者爱占便宜的消费心理，通过"白送"吸引顾客进店，从而给予消费者"占到便宜"的感觉。

"白送"赠品设计：以其他品类产品为主，如香水、发膜等。

（2）免费皮肤检测：利用皮肤检测仪为消费者检测皮肤。

（3）安排节目表演或者自行车宣传队。

通过魔术等节目或是自行车队的游行，起到具有轰动效应的宣传作用。

（4）抽奖：如果领产品的人较多，可根据现场情况灵活安排一些抽奖活动。

（5）体验区：门口设体验区，如修眉、免费体验产品等。

(6)喊麦:利用喊麦话术,吸引行人关注并进店。

9. 人员安排

1)外场

(1)总负责人:1人。

(2)体验区负责人:1人。小组成员:2人。

(3)喊麦负责人:1人。

(4)现场派单人员:2人。

2)内场

(1)总负责人:1人。

(2)现场销售人员可以分成两组,每组8~10人。

(3)会员和非会员领取礼品卡登记人员:1人。

(4)体验区人员:2~3人。

10. 执行流程

在培训阶段,我们制作了现场操作流程图,方便店员掌握及上手,如图9.5所示。

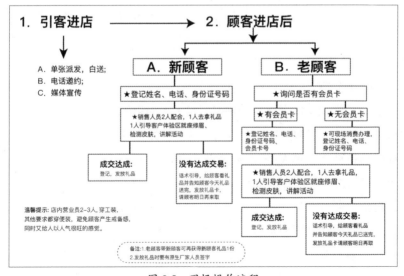

图 9.5　现场操作流程

11. 其他注意事项

（1）活动开始前 10 天，须与城管等部门办理好外场布置审批手续。

（2）与本次促销活动主题无关的元素必须在活动开始前 2 天彻底清理干净。

（3）终端须在活动开始前 10 天确定活动促销政策、布置和宣传方案。

（4）在完成终端布置后，须将终端物料布置情况拍照，打包反馈给品牌方总部，并在图片或视频上加上文字：门店名称＋物料类型。

9.4.4 复盘

1. 造势到位

这次的欧×的终端促销活动之所以比较成功，得益于前期各个门店的沟通和准备工作十分到位，而且将能够运用的宣传方式都运用得很好。例如，单张宣传页的派发、微信群传播、抖音传播、设置流动宣传广告和条幅等，基本上将一场线下活动所能用到的宣传方式都运用得很到位。

启示： 做促销活动，前期的预热造势十分重要。如果预热造势准备得不充分，必然会影响活动的效果。我们在做促销活动时，这一点要牢记——运用一切宣传的力量。

2. 氛围营造

欧×的活动氛围营造得特别好，做了大面积的产品陈列，以及奖品、赠品陈列，以实用和陈列体积大为准则。比如，现场堆成小山的蚕丝被，一排排的拉杆箱，堆在一起的电饭锅、抱枕、时尚女包等，这种陈列方式非常吸引人，能很好地激发顾客消费的欲望。

启示： 我们在做促销活动时，一定要把陈列堆头做大，而且要在路人经过时就能看到的视线范围内，陈列面积越大，吸引力也就越强。

3. 引流充分

欧×的促销活动中，把宣传做好、把氛围营造好之后，就需要考虑如何把顾客引流到店里，让他们靠近我们的促销场地。在引流这一环节，我们在现场设置了产品体验区和免费的皮肤检测区，以及印有"白送"字样的宣传页。这些都是为了满足消费者"爱占便宜"的心理，从而把人引流到店。

启示：促销活动中一定要把握消费者心理，给予他们一定的利益点，满足他们占便宜的心理。我们可以通过送礼品或是免费服务等吸引人流到店，这样才能够为下一步的销售做好铺垫。

4. 降低局促感

购物时的局促感，相信很多人都有过，欧×促销活动策略之一就是要降低客户进店的局促感。平时大家很少去购买奢侈品，是因为底气不足，在促销活动当中，这种心理也同样存在。欧×促销活动要求所有的店家不用精美的海报，就用白纸简单"粗暴"地写上买多少送多少，这是借鉴了一些清仓大处理的店铺的做法，在白纸上写了"清仓"或"免费送"的字样，这样就很容易吸引大家进店，降低大家进店的心理压力。

启示：很多门店在做促销活动时，总爱端着架子，用很精美的展架和精美的海报，这种做法并不利于促销成交。在促销活动中，我们要适当放下身段，仅用简单"粗暴"的促销方式和促销物料，从心理上来降低客户进店的心理压力，让他们敢进店、敢消费！

综上所述，除了主卖产品的堆头要尽可能做大，赠品也要大力度呈现。比如，买产品送拉杆箱，那就可把拉杆箱摆成一排，在视觉上给人带来冲击感。从心理学上分析，这种做法很容易造成人的冲动消费，只要让消费者觉得划算，离活动成功就不远了。同时，如果有音响，可以循环播放促销口号，即使现场乱一些也没关系，因为这样会让人觉得这个活动的促销力度是真的大。如果有条件，还可以设置免费的体验区，尽情让客户来占便宜，哪怕他们不购买也没关系。因为他们的到场会提高现场的人气，让其他人觉得这里人好多，活动一定不错。

9.5 推广类——线上活动金 × 品牌抖音话题赛

本次抖音活动是 2022 年度比较成功的活动案例，其话题一共吸引了近万名消费者参与，整体的视频播放量达到了 8885.8 万次，实现了品牌的极大曝光，提升了品牌知名度，也间接拉升了产品销量，如图 9.6 所示。

图 9.6 金 × 麦片抖音活动播放量

9.5.1 策划思路

抖音的流量是各大品牌所追逐的，一般情况下，只要内容正常，话题设置得正确，加上奖品的激励，就不会有大问题。除此之外，如果想把活动做得有影响力，还需要做好以下几点。

1. 易参与

成功的网络活动，基本都有一个很显著的特点，就是易参与，所以我们在设计活动参与方式的时候，一定要简单易操作，能让用户傻瓜式的操作和参与是最好不过的，金 × 的网络活动提前设计好贴纸，只要用户点击贴纸，然后带上话题，即可参与，这是非常简单的，也更能激发大家的参与度。

2. 账号矩阵

正所谓独木不成林，一个事件的火爆往往是很多人共同关注的结果。网络活动也是如此，成功的网络活动都是由多个账号参与，并且形成效应的，像金×的活动，除了官方抖音账号和明星账号的参与，还有多个百万级以上粉丝的账号加入，才让这个活动有了热度，所以我们在做抖音活动时，一定尽可能地合作多个优质账号。

3. 小贴士

做抖音活动，如果能合作大V账号最好，如果预算不足，没法与大V合作的情况下，尽可能地用奖品去吸引用户参与。只要奖品力度够大，依然能吸引很多人参与。但不管用什么方式，一定要尽可能地用多账号去宣传，只有多个账号去带共同的活动话题，才能把活动的热度炒起来。

9.5.2 策划方案

1. 活动背景

金×食品以其"明星"产品金×麦片与艺人王×棣签约合作为引子，为进一步提升品牌知名度及市场占有率，同时强化在年轻消费群体中的好感，联合王×棣及多位抖音达人，共同发起了"棣道金×麦片香滑浓"的抖音话题活动。

2. 活动话题

根据活动背景，设置抖音活动话题为"#棣道金×麦片香滑浓"。

3. 账号矩阵

艺人账号——×××；

官方账号——金×味官方旗舰店；

达人账号——×××、×××、×××、×××、×××、……

通过艺人账号+官方账号+百万级达人账号的组合来引爆话题，进而吸引普通消费者关注与参与。

4. 奖励方式

根据播放量实行现金奖励。

5. 活动详情

时间：2022年12月19—28日

活动要求如下：

（1）添加指定话题"#棣道金×麦片香滑浓"；

（2）使用指定贴纸"麦宝Disco"；

（3）@指定账号"金×官方旗舰店"；

（4）视频需原创、真人出镜，内容要求积极、正能量；

（5）内容不可出现违背金×品牌理念、损害品牌的内容，以及不可出现其他品牌麦片产品；

（6）不支持图集格式，需以短视频格式进行投稿。

6. 活动规则

1）参与方式

点击活动界面"开始任务"或者"参与"按钮，根据任务要求发布视频。

2）奖励说明

参与用户发布符合任务要求的视频（且视频需在审核完毕前公开可见，如果视频在审核完毕前删除或设置为仅自己可见则视为参与活动失败或不再继续参与本活动），且满足《全民任务参与规范》，即有机会获得现金奖励。具体现金奖励将根据视频的质量、播放量、互动量等指标综合计算。用户每发布一次符合任务要求的视频仅有一次现金奖励机会，本活动期间最多有五次获得现金奖励的机会。如果用户发布的视频不符合任务要求，则视频不参与计数，用户可在任务时间内再次参与。

3）查看奖励路径

受邀用户可通过抖音搜索"全民任务"，进入"全民任务"页面，在"我的任务"中查看现金奖励。以上现金奖励于活动结束次日发放。任务结束后第二天，用户可进入"我的任务"中按相应提现规则进行提现，具体金额以实际到账为准。

7. 参考案例

前面介绍的是品牌方与抖音官方发起的合作，不管是给予平台的费用还是给予达人合作的费用，都是需要一定预算的。如果没有这么多预算，或者仅是日常开展活动，可参考其他活动案例，方案如下。

（1）案例名称：《原生×××第2期抖音挑战赛》。

（2）活动主题："来战吧！原生×××第2期抖音挑战大赛"。

（3）话题："#原生×××梦幻三亚行"。

（4）活动时间：12月19—21日。

（5）活动内容。

春光无限好，出游好时节！原生×××撩你一起玩转南国风情——三亚！

阳光、沙滩、椰林、美女……，原生×××与你一起用抖音记录美好片段！即日起打开抖音App，添加话题#原生×××梦幻三亚行，拍摄三亚游小视频，点赞数排前十名者，将获得精美豪华大礼一份。还等什么，来撩吧！

（6）奖品明细：前3名获得价值5000元大礼包、4~6名获得价值2000元大礼包、7~10名获得价值1000元大礼包。

（7）参与方式：打开抖音短视频App→搜索"原生×××梦幻三亚行"→进入活动页面点击"参与"→拍摄视频→发布。

（8）推广宣传：活动开始前一周在原生×××官方微博、微信公众号、社群及朋友圈发布活动相关信息，号召大家参与。

（9）活动综述。

该话题活动在三天的时间内，有近500人参与，拍摄的与三亚相关的视频,播放量达36万次。这种活动的好处在于成本低,可以随时操作,作为日常的抖音活动。话题界面及数据如图9.7所示。

9.5.3 复盘

1. 易参与

金×品牌的抖音活动之所以能够吸引很多人参与,除了有奖品和艺人的加持,还有重要的一点就是易参与。网络活动只有容易参与,才能吸引大家,而且最好是"傻瓜式"的一键操作,或是只带一个话题。任何多余的步骤都不要出现,这样才是一个简洁、易参与的活动。

启示:抖音活动一定要低门槛、"傻瓜"式、易参与。

图9.7 活动达到36万次的播放量数据

2. 账号矩阵

金×品牌的抖音活动能取得不错的效果,除了易参与,更重要的原因是通过账号矩阵的形式将活动带热了,这也是抖音活动成功的一个窍门。

启示:我们在做抖音活动时,一定要运用多个账号来宣传,而且最好要有大号,这样更容易通过大号的力量带火整个活动。众人拾柴火焰高,单靠一两个账号发起活动,不容易形成影响力。

第 10 章 必知策划工具

做活动策划除了自身要有悟性，还要多学习和实践。策划活动就如同下棋，需要一步步设计好。那么，有什么样的工具可以让我们事半功倍，这些都是我们需要了解的，本章将介绍一些基本的策划工具和搜集资料平台。

10.1 好的策划工具让你事半功倍

在做活动策划的过程中，借助一些策划工具，可以更好地实现我们的意图，展现我们想要表达的内容。

1. 百度指数

直接在百度中搜索"百度指数"，然后即可进入"百度指数"页面。我们可以把它看作一个风向标，当我们想要找一些相关的趋势性内容，或者是跟某个主题相关的内容时，可以通过百度指数进行查看。百度指数内容非常丰富，不仅可以供用户查看一些事件的热点，还可以供用户查看诸如人群画像等内容，如图 10.1 所示。

图 10.1　百度指数界面

比如，我们要做一场关于宠物的推广活动，我们就可以通过百度指数来查看一下跟宠物有关的数据和内容，包括与宠物有关的品牌数量、有多少人搜索了"宠物"这个词、有多少与宠物相关的资讯。除此之外，我们还可以通过后台查看全中国哪些省份搜索"宠物"的人最多，甚至还可以具体一些，例如，哪个城市搜索最多，是女性多还是男性多，年龄层次是怎样的，这些都能作为我们策划活动时的数据支持。

因为百度指数所提供的数据较为详尽，我们在写活动策划方案进行背景分析和市场调研时，可以使用它搜索相关数据。

2. 飞瓜数据

飞瓜数据也是这几年非常流行的一款数据分析工具，它主要是针对抖音、快手、B站等短视频平台进行大数据分析，对做短视频和直播有很大帮助。飞瓜提供了短视频达人查询等数据服务，并提供了多维度的抖音、快手达人榜单排名，以及汇总电商数据、直播推广等实用功能，是一款非常全面的数据分析软件，如图 10.2 所示。

图 10.2　飞瓜数据界面

3. 摄图网和千图网

摄图网和千图网这两个网站都可用于寻找设计素材和视频素材。如果需要做活动的宣传海报,或是需要一些精美的图片,都可以在里面寻找。

尤其是摄图网,它里面的图片非常丰富、实用。如果写方案时需要一些配图,就可以去该网站上下载。

当然,类似这样的网站有很多,如花瓣网、站酷网等,平时如果有需要,大家也可以多注册几个平台。

4. 迅捷 PDF 转换器

迅捷是一个很好的转换类软件,它可以把 PDF 格式转成 Word 格式,可以把 PPT 格式转成 PDF 格式,也可以把 PDF 格式转成 PPT 格式。当我们有需要的时候,运用迅捷 PDF 转换器可以把很多不同类型的文档直接转换过来,非常方便、实用。如果文件比较小,不用注册,直接通过网页版就可以转化,如图 10.3 所示。

图 10.3　迅捷 PDF 转换器界面

5. 讯飞输入法

讯飞输入法是一个非常好用的语音输入法软件,如果嫌打字速度太慢,就可以用这一款软件直接语音输入,它可以将语音转换成文字。此外,语音输入英文也没有任何问题。

6. 亿图脑图

在做活动策划时,经常要用到各种思维导图。有了思维导图,我们就可以很好地把自己的想法分解并且逐一呈现,非常清晰明了。对于这种思维导图,可以用亿图脑图进行绘制,它里面有很多模板,非常实用,如图 10.4 所示。

类似的软件还有 Xmind 等,都比较好用,大家可以自己选择。

第 10 章　必知策划工具

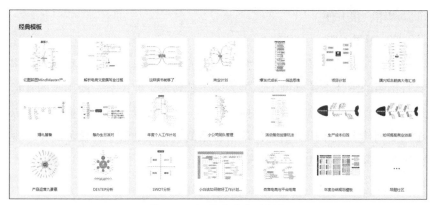

图 10.4　亿图脑图中的模板

7. 易企秀

易企秀一般用于制作活动的 H5 页面、海报、邀请函、电子画册等，也可以用于搜集表格，非常方便。当我们想把一个活动宣传出去，邀约大家来参与时，就要做一个邀请函。易企秀里可以加入二维码，也可以加入表格让用户在线填表，省得去找客户一个一个搜集资料。因此它也是活动策划中非常好用的一个工具。

8. 在线问卷调查

在线问卷调查也是活动策划中经常要用到的一类工具。比如说我们想了解消费者喜欢哪一类商品、喜欢哪一个艺人，或者是喜欢哪一种活动形式，我们在做前期调研的时候就可以用在线问卷调查类工具，操作非常方便。活动结束以后，很多主办方也会运用此工具向参会的人员发一个问卷调查表，来搜集大家对这场活动的反馈。一般用得比较多的是问卷星或者是调查派，尤其是问卷星，用起来非常方便。

9. 腾讯文档或石墨文档

腾讯文档和石墨文档都非常易操作，而且可以实现多人协同在线更改文档的功能。当我们开线上会议的时候，就可以一边开会，一边在文档中进行修改，而且随时随地可以调用。不用随身带 U 盘或者是硬盘都

225

可以调用，很方便。

10. 喔图闪传

喔图闪传也是做活动时经常会用到的一个工具，通过它我们可以将实时拍摄的图片上传到网上，供大家下载转发。此工具一般用于图片形式的现场直播，当然，视频直播也可以。如果你没有专人拍摄，就可以在喔图闪传上发布招募信息，认为合适的人就会通过平台接你的单。现在很多品牌会使用喔图闪传，实时方便。

10.2 策划人搜集资料平台一览

一个优秀的活动策划人，除了多加实践，还要懂得搜集更多的素材，建立自己的素材库，懂得去各个平台发现别人的创意并学习，从而为我所用。

1. 黑猫会（HI-MOER）

黑猫会是一家很全面的活动策划平台，有App和网页版，它能够帮助策划人解决无资源、无创意、无社交的问题。黑猫会App可供用户免费查看资源价格，并可一键取得联系。若找不到的资源，那么也可发起求助让资源方主动来找我们。

黑猫会主要有以下几大特点。

（1）有超过16000份涉及各行各业、各种类型的策划方案。

（2）活动类型丰富，包括会议、庆典仪式、晚会、推广、展览展会、暖场活动、嘉年华等。

（3）资源丰富，不管你是要找布展公司、演艺公司、专家学者、网红达人还是要找媒介广告人员、摄影摄像人员、礼仪模特等，在这里都可以一站式对接。像常规的舞台、灯光、音响、LED电子显示屏、安保等，在这里也可以一站式集齐。

（4）学习课程丰富。黑猫会平台有很多关于活动策划的课程和案例，从方案PPT撰写到活动执行表，从入门学策划到落地执行等应有尽有。

黑猫会网站主页如图10.5所示。

图10.5 黑猫会网站主页

2. 广告门

广告门成立于2008年，脱胎于"北京广告之拍案惊奇"博客，根植于营销传播产业，服务于中国及全球品牌传播、广告创意行业领先的媒体及平台。这里汇聚了中国核心、活跃的营销传播产业的人才，是中国互联网营销行业最具行业影响力的资源整合服务平台之一。

它每天发布文章8~12篇，内容包含业界重大事件、案例分享、人物访谈等，很多关于品牌及活动的案例在这里均可以查到，也是很多活动策划者的创意来源。

广告门网站主页如图10.6所示。

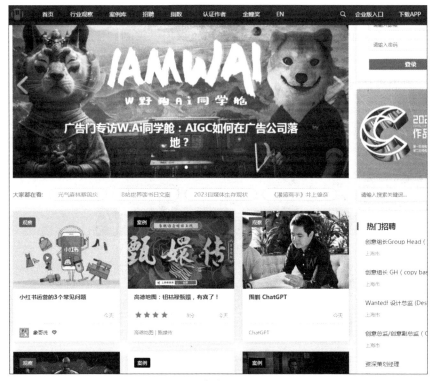

图 10.6　广告门网站主页

3. 活动汪

活动汪是国内比较知名的做活动策划的平台，里面有大量的作者入驻，不仅可以学习，还可以找到各种方案。如果大家有资源需求，也可以通过活动汪进行寻找。而且活动汪平台上关于活动的各种素材都非常丰富，如丰富的物料设计类图片，可以给活动策划人或是设计师带来很多灵感和创意参考。

活动汪为活动人提供的优质服务主要有以下几项。

1）技能培训

通过吸纳行业内外优秀讲师，为活动人提供良好的技能培训。

2)作品分享

通过吸纳行业内优秀的作品生产者（平面设计师、三维设计师、活动策划师等），让他们将优质的活动作品分享至平台。有作品使用需求的活动人可以直接下载后使用，这将极大地提升工作效率。同时，这些拥有优质作品创作能力的活动人将获取相应的报酬，从而提升他们的生活品质。

活动汪主页如图 10.7 所示。

图 10.7　活动汪主页

4. 创意仓

创意仓主要提供公关类活动创意，供用户学习与交流。

在创意仓，你能：

（1）展示活动创意；

（2）获取灵感；

（3）参与公关活动创意的讨论，养成思考的习惯；

（4）结交更多志同道合的朋友。

创意仓页面如图 10.8 所示。

图 10.8 创意仓界面